Was ist Vermögen?

In der Lehre immer am Zahn der Zeit zu sein, wird in unserer schnelllebigen Zeit immer mehr zur Herausforderung. Mit unserer neuen fachübergreifenden Reihe *nuggets* präsentieren wir Ihnen die aktuellen Trends, die Forschung, Lehre und Gesellschaft beschäftigen – wissenschaftlich fundiert und kompakt dargestellt. Ein besonderes Augenmerk legt die Reihe auf den didaktischen Anspruch, denn die Bände sind vor allem konzipiert als kleine Bausteine, die Sie für Ihre Lehrveranstaltung ganz unkompliziert einsetzen können. Mit unseren *nuggets* bekommen Sie prägnante und kompakt dargestellte Themen im handlichen Buchformat, verfasst von Expert:innen, die gezielte Information mit fundierter Analyse verbinden und damit aktuelles Wissen vermitteln, ohne den Fokus auf das Wesentliche zu verlieren. Damit sind sie für Lehre und Studium vor allem eines: Gold wert!
So gezielt die Themen in den Bänden bearbeitet werden, so breit ist auch das Fachspektrum, das die *nuggets* abdecken: von den Wirtschaftswissenschaften über die Geisteswissenschaften und die Naturwissenschaften bis hin zur Sozialwissenschaft – Leser:innen aller Fachbereiche können in dieser Reihe fündig werden.

Dr. Bernd Villhauer ist Ökonom und Philosoph. Er arbeitet als Senior Advisor Finance für das Weltethos-Institut der Eberhard Karls Universität Tübingen. Außerdem ist er Gründer und Inhaber einer Firma im Bereich Nachhaltige Finanzen, Blogger und Podcaster. Seine Arbeitsschwerpunkte liegen in den Bereichen Geld, Finanzsystem, Investment und Börse.

Bernd Villhauer

Was ist Vermögen?

Wirtschaftliche Grundlagen, persönlicher Vermögensaufbau, gesellschaftliche Ungleichheiten

UVK

Umschlagabbildung: © nicolas iStockphoto
Autorenbild: © Bernd Villhauer / WEIT

Bibliografische Information der Deutschen Nationalbibliothek
Die Deutsche Nationalbibliothek verzeichnet diese Publikation in der Deutschen Nationalbibliografie; detaillierte bibliografische Daten sind im Internet über http://dnb.dnb.de abrufbar.

DOI: https://doi.org/10.24053/9783381131426

– Ein Unternehmen der Narr Francke Attempto Verlag GmbH + Co. KG
Dischingerweg 5 · D-72070 Tübingen

Internet: www.narr.de
eMail: info@narr.de

Druck: Elanders Waiblingen GmbH

ISSN 2941-2730
ISBN 978-3-381-13141-9 (Print)
ISBN 978-3-381-13142-6 (ePDF)
ISBN 978-3-381-13143-3 (ePub)

MIX
Papier | Fördert gute Waldnutzung
FSC® C016368
FSC www.fsc.org

Dieses Buch widme ich meinem Vater

Werner Villhauer (1942-2023)

Inhalt

1 Einleitung: Zwischen Schatz und Kapital

Was ist Vermögen? Geht es dabei einfach um eine große Menge von Dingen, möglichst wertvollen Dingen? Ist Vermögen gleichbedeutend mit der Anhäufung von greifbarem Besitz, mit materiellem Reichtum?

Dazu werden Sie in diesem Band die wichtigsten Dinge erfahren. Zu Beginn führe ich Sie an drei Plätze: die Wohnung eines **Messies**, die **Schatzhöhle** eines Drachen und die **Tresorräume** einer Bank.

- Ein „Messie" ist ein Mensch, der über seinen eigenen Bedarf und alle praktische Verwendbarkeit hinaus Gegenstände anhäuft. Was im englischen Sprachraum „*compulsive hoarding*" oder „*hoarding disorder*" genannt wird, für das hat sich im Deutschen die Bezeichnung „Messie-Syndrom" eingebürgert. „Messie" leitet sich vom englischen Wort „*mess*" (Durcheinander, Chaos, Schlamassel, Wirrwarr) ab, es handelt sich also um einen Scheinanglizismus wie „Handy", „Beamer" oder „Jobticket". Das „Messie-Syndrom" beschreibt eine ernstzunehmende psychische Störung, die gar nicht so selten vorkommt; es wird geschätzt, dass circa 4 % der Bevölkerung darunter leiden. Wir alle kennen Beispiele von Wohnungen, die in Papierstapeln, Plastiktüten, altem Geschirr, Pizzapackungen, verstaubtem Nippes, nutzlosen Werkzeugen oder Gerätschaften aller Art ersticken. Und wenn wir durch die engen Gänge solcher Wohnungen gehen, die eine Mischung aus Müllhalde und Warenlager sind, dann wird uns schnell klar, dass hier kein Vermögen angesammelt wird – obwohl auch durchaus wertvolle Dinge zu den riesigen Ansammlungen in Messie-Haushalten gehören können. Aber im Kern geht es um das Sammeln und Lagern; der Wert (schon gar der finanzielle) ist dabei zweitrangig.
- Im Schatzhort hingegen finden wir eigentlich nur Dinge, die wertvoll sind. Die Höhle des berühmten Drachen Smaug in J.R.R. Tolkiens „Der Hobbit", tief in den unterirdischen Hallen der Zwergenstadt Erebor, ist gefüllt mit Gold und Juwelen, Münzen und Kunstgegenständen. In der Schatzhöhle wird nur das aufbewahrt und eifersüchtig bewacht, was als wertvoll anerkannt ist. Aber es verlässt diese Höhle eben nicht mehr – Zuflüsse sind möglich, aber niemals darf der Schatz verringert werden. Mit dem Schatz wird aber auch nichts angefangen, er ruht gut geschützt – am besten für immer. Das passive reine Haben ist wichtig:

„Ich lieg und besitz', lasst mich schlafen!" sagt ein anderer wichtiger Schatzdrache, der Fafner aus Richard Wagners „Siegfried". Die Werte aus dem Schatzhort gehen in keinen Wirtschaftskreislauf mehr ein; das Glück, das sie vermitteln, liegt ausschließlich im Haben und Bewahren.

- Von der leicht muffig riechenden Messiewohnung und den im Dunkeln leuchtenden Goldbergen der Drachenhöhle geht es nun in die gut beleuchteten Tresor- und Schließfachräume einer modernen Bank. Der Banktresor enthält ebenfalls Wertvolles, darin ist er der Schatzhöhle ähnlich. Aber dieses Besitztum soll nicht einfach nur ewig da liegen, es gibt Zuflüsse und eben auch Abflüsse. Was wird in Banktresoren aufbewahrt? Umfragen zeigen, dass Menschen Euro-Bargeld, ausländische Währungen, Edelmetalle wie Gold und Silber in Barren oder Münzen sowie wichtige Papiere, darunter Versicherungen und Wertpapiere, in die Tresore legen, auch den Familienschmuck oder Kunstwerke, gelegentlich auch Dinge, die nur für sie persönlich Wert haben und ihnen am Herzen liegen. Und das Gelagerte möchten sie normalerweise nach einer Weile dann wieder herausholen. In jedem Fall wollen sie keinen größeren Verlust erleiden – was in solchen Banktresoren oder Schließfächern auch meist möglich ist, da der Wert komplett versichert wird. Nach Umfragen nutzen Menschen zunehmend Banktresore, weil sie wegen niedriger Zinsen keine Alternative sehen oder die Abschaffung des Bargeldes fürchten und finanzielle Werte dem staatlichen Zugriff entziehen wollen. Es gibt aber auch den Fall, dass jemand in Ausnahmesituationen an seine Wertsachen möchte, wenn es technische Probleme wie Internet- oder Stromausfall gibt. Sicherheit und Verfügbarkeit sind wichtig. Für die Ewigkeit ist das Bankfach jedenfalls nicht gedacht.

Mit diesen Beispielen haben wir verschiedene Arten kennengelernt, etwas materiell zu speichern oder aufzubewahren – und langsam nähern wir uns dem an, was wir als „Vermögen" bezeichnen. Man könnte sagen, der Besitz wird in der Reihe Messie-Wohnung, Schatzhort, Banktresor einerseits wertvoller, aber andererseits auch immer besser „aktivierbar" – er erfüllt Zwecke außerhalb des bloßen augenblicklichen Habens.

Nach unserem Sprachverständnis und den gängigen Definitionen enthält das Wort „Vermögen" immer auch den Aspekt des Potenzials und der Fähigkeiten. Es gibt gelegentlich noch die etwas veralteten Formulierungen wie *„er hat das Vermögen, dieses oder jenes zu tun"* oder *„weil sie immer schlechter sieht, vermag sie nicht, die kleinen Buchstaben zu erkennen"*.

Vermögen hat mit Möglichkeiten zu tun, mit Dynamik und Entwicklungen, meist mit einer Ursache, die in der Gegenwart existiert, sich aber in der Zukunft auswirkt.

Es scheint jedenfalls mehr als das Warenlager des Messies zu sein, auch mehr als die glitzernde Schatzkammer; es ist wohl auch etwas Anderes als eine bestimmte Geldmenge, mehr als ein gigantisches Sparschwein im Vorgarten, eine Matratze, die mit Dollars gestopft ist, oder das Geldschwimmbecken des Dagobert Duck. Wortgeschichtlich sind mit dem Begriff des Vermögens auch

- persönliche Anlagen,
- Kompetenzen oder
- Fähigkeiten

gemeint. Irgendetwas vermag das Vermögen...

Aber natürlich verstehen wir den Satz *„Julia ist eine vermögende Person"* so, dass wir annehmen, Julia habe eine Menge finanzieller Werte, seien es Euro-Scheine, Aktien, Goldbarren, Grundstücke, Häuser oder anderes. Darum geht es hier auch.

In diesem Buch werde ich Ihnen den Begriff des Vermögens, aber auch die praktische Realität der Vermögensbildung und -verwendung näherbringen. Sie sollen davon persönlich profitieren und etwas für die eigene Lebensorganisation, Ihre finanzielle Souveränität sowie Ihre Risikovorsorge lernen, aber wir wollen auch die übergreifenden ökonomischen und politischen sowie die moralischen Fragen nicht ignorieren. Gerade der Blick der ethischen Reflexion lässt uns vieles besser verstehen. Daher wechseln wir in diesem Band gelegentlich die Perspektive: Von der Übersichtsdarstellung mit Lehrbuchcharakter zum Ratgeber oder zur ökonomischen Analyse bzw. philosophischen Draufsicht. Besonders wichtig ist mir, dass auch im Unterricht sowie in Aus-, Fort- und Weiterbildung durch dieses Buch besseres Material zur Verfügung steht. Denn gerade die jüngeren Generationen sollten über Vermögensdinge gut informiert sein.

Vermögen, so erstaunlich sich das zunächst anhören mag, lässt sich nur im Rahmen einer sozialen Gemeinschaft bilden und auch nur in bestimmten sozialen, politischen und gesellschaftlichen Kontexten genießen und erhalten, aber auch denken und beschreiben. Vermögen ist voraussetzungsreich, Vermögen können wir nicht ganz allein haben.[1]

1 Noch eine kleine Vorbemerkung zur Sprache: Mir ist es wichtig, dass kein Mensch (gleich welcher geschlechtlichen Orientierung) sich ausgegrenzt oder nicht gesehen bzw. falsch adressiert fühlt. Sprache in einem Buch für die Allgemeinheit sollte inklusiv und einladend sein! Ich habe zwar aus stilistischen Gründen auf das sogenannte ‚Gendern' verzichtet, bemühe mich aber, überall entweder geschlechtsneutral zu formulieren oder sowohl weibliche als auch männliche Formen zu verwenden.

2 Definitionen

Zunächst werden wir uns den Begriff ‚Vermögen' näher ansehen und machen es uns nicht zu leicht, damit wir ein umfassendes Bild erhalten. Warum ist es sinnvoll, den Anteil des Potenziellen im Vermögensbegriff ernst zu nehmen? Vielleicht deshalb, weil geschichtlich bis zur Gegenwart wirtschaftlich die Potenzialität, die Entwicklungsfähigkeit einer Vermögensmenge entscheidend ist. Das grenzt das Vermögen ab von anderen Wertmengen oder Besitztümern. Vermögen ist zwar auch das, was in der Antike oder im Mittelalter Reichtum oder Wohlstand war – aber heute und in Zukunft bezeichnet es etwas, das immer wieder neu erarbeitet werden muss. Tote und statische Wertmengen sind kein Vermögen; Vermögen muss sich bewegen und beweisen. Insofern ist das Vermögen viel näher am Kapital und an Investitionen als am Schatz oder Hort... Doch dazu später. Zuerst wollen wir uns einmal das Wort selbst genau ansehen.

Was bedeutet „Vermögen"?

Einige Bemerkungen zur Wortgeschichte:
Das deutsche Wort „Vermögen" scheint im Spätmittelalter aus einem Verb „vermügen / vermugen" entstanden zu sein. Wir können es im Wortfeld „mögen" / „Möglichkeit" ansiedeln. Das Verb „vermügen / vermugen" hatte seine Wurzel wohl im althochdeutschen „furimugan" (circa 800-1000 n. Chr.), ein Wort, mit dem Fähigkeiten, Fertigkeiten oder Kompetenzen beschrieben wurden. Am Beginn dieser Wortlinie findet sich der indogermanische Ausdruck „magh", der für „können", „vermögen", „helfen" oder „Macht haben" steht. Das mittelhochdeutsche Substantiv „vermüge" beschreibt dann die Fähigkeit einer Person, Einfluss zu nehmen, Macht zu entfalten. Vermögen ist also auch immer verstanden worden als die Fähigkeit zu einer bestimmten Leistung.

In begriffs- und ideengeschichtlichen Darstellungen[2] finden wir die Entwicklung seit Aristoteles auch so beschrieben, dass in der Naturphilosophie eine Substanz ein Vermögen (potentia) besitzt, wenn sie sich selbst oder andere Gegenstände verändern kann.[3] Es lässt sich neben dieser naturphilosophischen Vermögenslehre eine weitere Linie der menschlichen Fähigkeiten und Bestrebungen, der Vermögenspsychologie, ziehen, die mit Namen wie dem des Theologen Christian August Crusius (1715-1775) oder des Philosophen Johann Nicolaus Tetens (1736-1807) verbunden ist. Vermögen wird hier als ein menschliches Streben und Wirken verstanden. Vermögen ist Grund und Ursache für eine Wirkung, die notwendige Voraussetzung dafür. Ob und wie etwas Vermögen ist, das ergibt sich aus dem, was ich damit machen kann. So können wir den Bogen von psychologischen Definitionen zu ökonomischen oder juristischen schlagen.

Vermögen ist das, was etwas bewirkt – in Menschen, aber eben auch außerhalb von ihnen.

Im wirtschaftlichen Zusammenhang wird es in konkreten Daten und dokumentierbar gedacht: hier betreten wir den Bereich, in dem ökonomisch fokussiert wird, d. h. wir sollten real greifbare Ergebnisse sehen und messen können. Es geht weniger um das künstlerische oder intellektuelle Vermögen, das womöglich noch viel mehr und viel Wichtigeres hervorbringt – aber von uns nicht in Zahlen und Daten beschrieben werden kann. Beim Vermögen wie wir es hier verstehen geht es um Zählbarkeit und Messbarkeit.

Was bedeutet das also für das ökonomische Verständnis? In welchen Bereichen bewirkt das Vermögen etwas? Beim wirtschaftlichen Begriff von Vermögen können wir mehrere Hauptstränge unterscheiden:

- das Betriebsvermögen und
- das individuelle Vermögen, aber auch
- das Vermögen in einer Volkswirtschaft.

Was ist mit diesen Vermögensformen genau gemeint?

Das **Betriebsvermögen** ist direkt auf den Unternehmenszweck und das Geschäftsmodell bezogen. Alles in einem Unternehmen, das zur Gewinnerzielung eingesetzt wird (auch die betrieblich notwendigen Verbindlichkeiten), ist als Betriebsvermögen zu fassen. Zu beachten ist, dass der

---

2 Beispielsweise im „Historischen Wörterbuch der Philosophie“, Band 11, U-V, Basel (Schwabe) 2001

3 Ebd., 727-731

steuerrechtliche Begriff des Betriebsvermögens abweicht von dem betriebswirtschaftlichen. Steuerrechtlich ist Betriebsvermögen das, was wirtschaftlich als Eigenkapital gefasst wird, u. a. weil Schulden hier abgezogen sind.

Natürlich sind Unternehmen nicht die einzigen Institutionen, die Vermögen besitzen können – wir kennen auch Vereine, Stiftungen und viele andere Institutionen, auch Rechtspersonen bzw. Rechtssubjekte der verschiedensten Art. Besonders auf Staaten und ihr Vermögen gehen wir später noch gesondert ein.

Für das **individuelle Vermögen** einer Person können wir festhalten, dass das Vermögen als

> „Gegenwartswert aller Dinge, die ein Konsument besitzt einschließlich seiner Forderungen und abzüglich seiner Schulden“[4]

verstanden werden kann. Dem nahe verwandt – nur mit anderer Schuldenstellung – ist die juristische Definition:

> „Summe der einer Person zustehenden geldwerten Güter, Rechte und Forderungen ohne Abzug der Schulden und Verpflichtungen.“[5]

Bei unternehmerisch aktiven Menschen ist interessant, dass ein Teil ihres Vermögens als **„gewillkürtes Privatvermögen“** bezeichnet wird – das sind Vermögensbestandteile, die zwar für einen Betriebszweck genutzt werden könnten, es aber nicht werden (Wertpapiere, Fahrzeuge…).

Der andere Teil wird als **„notwendiges Privatvermögen“** bezeichnet, weil der Bezug zum Betriebszweck eindeutig nicht vorhanden ist. Hier geht es jetzt also um das Vermögen, das in keiner Weise mit unternehmerischem Handeln verbunden ist und ausschließlich für die private Lebensführung benutzt wird. Aber auch dieser Aspekt des Vermögens ist ökonomisch interessant, weil Vermögen die Voraussetzungen für gewisse Formen des Konsums ist und zum Beispiel vermögende Menschen in bestimmten Bereichen der Nachfrage eine große Rolle spielen.

Die Nachfrage in einer **Volkswirtschaft** können wir überhaupt nur vollständig beschreiben, wenn wir den Anteil des **Konsums aus Vermögen** bzw. aus Erträgen der Vermögen mit im Blick haben. Keine volkswirtschaftliche Kostenrechnung ohne Aufteilung des verfügbaren Einkommens in den Teil, der wieder für Lebenserhaltung ausgegeben werden muss, und andere

---

4 https://wirtschaftslexikon.gabler.de (zuletzt abgerufen am 22.03.2025)
5 Ebd.

Segmente wie den Luxuskonsum. Gewisse Luxusmärkte setzen ohnehin das Vorhandensein eines Vermögens voraus. Einen Maserati bezahlt man nicht aus dem Sparstrumpf, für Juwelenkäufe nimmt man nicht das Sparschwein mit... Es gibt eigene Untersuchungen über den Luxuskonsum und seine Stellung im gesamtwirtschaftlichen Zusammenhang, am berühmtesten ist wohl Thorstein Veblens *„Theory of the Leisure Class“*.[6] Darin wird deutlich, welche sozialen Unterschiede diese Form des Konsums als ‚demonstrativer Konsum‘ dokumentiert, auch wie sich soziales Prestige dadurch schaffen und stabilisieren lässt.

Positiv wird der Luxuskonsum oft angeführt, wenn es um die Einführung innovativer Produkte in den Markt geht: was zunächst teuer ist und nur einer kleinen Konsumavantgarde zur Verfügung steht, wird dann irgendwann zum Mainstream-Produkt, wenn die Luxuskonsumentinnen und -konsumenten für einen ersten Gewinn gesorgt haben und die Massenfertigung beginnen kann. Mit den zunächst sehr hohen Preisen wird also die Entwicklung zum massentauglichen Erzeugnis vorfinanziert.

Zudem ist das Privatvermögen als individuelle Verfügungsmasse ein wesentlicher Faktor im Bereich der Geldanlage – zumal, wenn es um den Besitz der Menschen geht, die als „**High Net Worth Individuals**“ bezeichnet werden. Solche Menschen verfügen über flüssige Mittel im Wert von mindestens einer Million. Diese „HNWIs“, Millionäre oder Milliardäre, werden von Banken und Vermögensverwaltern nochmals in verschiedene Kategorien eingeteilt. Verbreitet ist zum Beispiel die Einteilung in

- „Sub-HNWIs“ (100.000 bis 1 Million US-Dollar),
- „Very-HNWIs“ (1 bis 5 Millionen US-Dollar) und
- „Ultra-HNWIs“ (über 30 Millionen US-Dollar).

> Im Jahr 2023 gab es weltweit etwa 22,8 Millionen HNWIs, wobei Nordamerika mit den USA und Kanada die höchste Konzentration aufwies. Deren Gesamtvermögen belief sich auf rund 86,8 Billionen US-Dollar. In Deutschland wurden 2023 rund 3.900 Ultra-HWIs gezählt, die insgesamt 3 Billionen Dollar besaßen.

6 Thorstein Veblen, Theory of the Leisure Class, Erstausgabe 1899, aktuelle englische Ausgabe: Oxford University Press 2009 (in deutscher Sprache leider nur antiquarisch erhältlich, z. B. in der dtv-Ausgabe oder der aus dem Fischer Taschenbuch Verlag)

Zur Verwaltung solcher Vermögen hat sich schon seit langer Zeit eine eigene Berufssparte gebildet. Vermögensverwalter und Family Offices kümmern sich um die Belange der Wohlhabenden, Reichen und Superreichen. Als Family Office bezeichnen wir eine Service-Organisation, die auf verschiedenen Ebenen das Vermögen einer Familie oder eines Familienverbunds verwaltet. Das geht meist über die klassischen Aufgaben der Vermögensverwaltung hinaus. Eine solche Organisation bietet einerseits maßgeschneiderte Finanzdienstleistungen, übernimmt aber auch Aufgaben wie

- juristische Betreuung,
- Steuerberatung,
- Nachfolgeplanungen und Erbschaftsangelegenheiten,
- Organisation philanthropischer Aktivitäten (oft im Zusammenhang mit der Errichtung von Stiftungen),
- gelegentlich aber auch Alltagsbegleitung, Bodyguard-Services oder persönliche Dienstleistungen der verschiedensten Art.

> In Deutschland existieren rund 300 Family Offices, die sich um einzelne Familien und Familienverbände kümmern.

Das Family Office ist ein schönes Beispiel für das Ineinandergreifen von ökonomischen, juristischen, psychologischen und anderen Aufgabenfeldern. Wir sehen an ihm, dass ‚Vermögen' nur mit einem umfassenden Ansatz verstanden und behandelt werden kann und nur, wenn die verschiedensten Perspektiven berücksichtig sind. ‚Vermögen' verlangt holistisches Herangehen, gerade wenn bestimmte Vermögensgrößen überschritten werden... Wer in einem Family Office Verantwortung trägt, der wird sich mit allen großen und kleinen Fragen im Leben seiner Klienten beschäftigen – von der religiösen Orientierung und den geistig-kulturellen Interessen bis hin zum kulinarischen Geschmack oder Windelgrößen.

Tatsächlich erinnern solche Familienorganisationen manchmal an kleine Staaten, da umfassende Daseinsfürsorge organisiert werden muss. Und da wir hier über beträchtliche Vermögensdimensionen sprechen, berühren wir auch schon die nationale bzw. volkswirtschaftliche Sphäre. Denn einige Privatvermögen übersteigen längst die Größe von nationalen Haushalten und bewegen sich in Sphären, in denen sonst nur das Bruttoinlandsprodukt bzw. Bruttonationaleinkommen (aber dazu später) liegt. Die Besitzer und Besitzerinnen können Investitionen tätigen (und tun das auch), zu denen ärmere Länder bei weitem nicht fähig sind. Schauen wir uns deshalb einmal an, wie sich im Vergleich die Zahlungs- und Investitionsfähigkeit der nationalen Volkswirtschaften genau gestaltet.

Was bedeutet Vermögen für Staaten und Volkswirtschaften? Auch diese haben ja einen Vermögensstock, ihnen gehört so einiges. An anderer Stelle werden wir auch die Frage diskutieren, ob nicht die persönlichen Vermögen in vielerlei Hinsicht zu dem Gesamtvermögen eines Staates gehören.

Zunächst zu Definitionen und zur Messbarkeit: Es gibt verschiedene Listen, in denen die Länder „mit dem größten Vermögen" angegeben werden. Auch auf Wikipedia kann eine solche Liste angesehen werden, die im Wesentlichen auf dem Global Wealth Report der UBS, also einer Privatbank, beruht, welche wiederum Angaben von Zentralbanken verwendet. Die Zentralbanken schlüsseln in ihren jeweiligen Berichten auf, was sie für ihr Land als Vermögenswert führen. Dazu müssen folgende Elemente berücksichtigt werden:

- **Bruttoinlandsprodukt (BIP)** bzw. Bruttosozialprodukt (BSP) oder seit 1999 Bruttonationaleinkommen (BNE), also die Summe aller Waren und Dienstleistungen, die ein Staat in einem Jahr produziert hat;
- **Höhe der Staatsschulden**, die dann vom Vermögen – soweit es zur Wertschöpfung und Erhöhung der Vermögensbestände beiträgt; abgezogen werden müssen;
- **Devisenreserven**, also alle fremdländischen Währungen, die dem Staat gehören, z. B. Dollarreserven in Deutschland. Es werden auch meist Edelmetallreserven (wie die berühmten US-Goldvorräte in Fort Knox) aufgelistet;
- **Auslandsinvestitionen**, also Kredite, die außerhalb des Landes vergeben wurden;
- **Infrastruktur**, also zum Beispiel Straßen oder Gebäude;
- **Pro-Kopf-Einkommen** der Bürgerinnen und Bürger;
- **Rohstoffreserven**.

An der Liste können wir sehen, wie schwer zu fassen und wie diskussionswürdig die Definition bzw. Angabe des Nationalvermögens ist. Es gibt Staaten, die über enorme Rohstoffvorräte verfügen, diese aber nicht in einer Weise abbauen können, welche wirklich die Staatseinnahmen oder das Staatsvermögen erhöht. Sie werden womöglich gerade wegen ihrer natürlichen Ressourcen zu Opfern von Ausbeutung oder zu abhängigen ‚Partnern' in einem unfairen Handel (z. B. bei Formen des sogenannten

'Extraktivismus', wenn schwächere Staaten zu ungünstigen Bedingungen ihre Bodenschätze anbieten müssen).

Dann gibt es hochverschuldete Staaten wie die USA oder Japan, welche dennoch als vermögend angesehen werden, weil angenommen wird, dass sie aus den Schulden „herauswachsen" können. Oft können also gerade mächtige Länder sich einen hohen Schuldenstand leisten. Im Fall der USA wird es spannend zu beobachten sein, ob diese Sonderstellung noch lange gehalten werden kann. Aber für viele Staaten gilt: Schulden müssen nicht unbedingt ein Problem sein – wenn die Produktivität stimmt. Sie sind eben kreditwürdig, was uns zu der Erkenntnis führt, dass auch diese Kreditwürdigkeit, also das Ansehen oder die Reputation eines Staates zum staatlichen Vermögen gezählt werden kann.

Auch Länder haben „soziales Kapital" – allerdings ist das gar nicht so leicht zu quantifizieren.

Die Listen und Ranglisten der vermögenden Staaten sollten also mit Vorsicht betrachtet werden. Und wir müssen beachten, dass sich die Messgrößen und Indey-Formen dauernd verändern. Es gibt eine Vielzahl von Modellen wie z. B. den Genuine Progress Indicator (GPI), den Human Sustainable Development Index (HSDI) und viele andere, darunter auch der Happy Planet Index (HPI). Alle bewerten und erfassen Güter und Dienstleistungen, soziale und wirtschaftliche Meßgrößen – aber jeweils mit unterschiedlichen Schwerpunkten. Es ist also nicht ganz einfach, das Vermögen eines Landes zu erfassen.[7] Dennoch sind die Vermögenswerte eines Landes zentral für seine wirtschaftliche Situation.

Wie wirkt sich das Vermögen auf die wirtschaftliche Leistungsfähigkeit aus?

Wir sehen uns das einmal 'von innen nach außen' an. Ein Staat mit Vermögenswerten kann in verschiedene Maßnahmen, ein gutes Schulsystem, innere Sicherheit, Verkehrsinfrastruktur und anderes investieren und so auch den privaten Wohlstand fördern. Er kann resilienter, also weniger krisenanfällig, agieren, durch Sozialsysteme Wirtschaftskrisen besser überstehen. Schulden entstehen erst gar nicht oder werden im Zweifelsfall schnell

7 Ein interessanter Versuch, den Wohlstand umfassend zu erfassen und nicht nur materielle Einkommensformen zu berücksichtigen ist der sogenannte Stiglitz-Sen-Fitoussi-Report, der auf der Arbeit einer Kommission beruhte, die 2008 von der französischen Regierung beauftragt wurde. Die Ergebnisse lassen sich nachlesen in: Joseph Stiglitz / Amartya Sen / Jean Paul Fitoussi, Mismeasuring Our Lives, New (The New Press) 2010.

abgetragen. Aber wie erwähnt sind auch nach außen Vermögenswerte hilfreich: Kreditfähigkeit ist gegeben, die internationale Wettbewerbsfähigkeit wächst. Länder, die nicht nur Rohstoffreserven oder hohes technologisches Kapital haben, sondern wegen ihrer Zahlungsfähigkeit Ansehen genießen, können beispielsweise Vorteile im internationalen Handel haben und können politisch sowie wirtschaftlich besser ihre Interessen vertreten.

Da wir uns in diesem Buch vor allem mit dem wirtschaftlichen Vermögen beschäftigen, halten wir die ökonomischen Definitionen einmal fest, vergessen aber nicht die psychologischen und anderen Perspektiven. Wir werden sehen, dass der Vermögensbegriff in vielen Farben schillert.

3 Geschichte

Ab wann wurde Vermögen gebildet?

Das ist eine Frage, die aus vielen Gründen schwer zu beantworten ist. Zum einen sind unsere Kenntnisse über die menschliche Vergangenheit naturgemäß an das gebunden, was in Form von überlieferten Gegenständen, von heute noch existierenden Artefakten, untersucht werden kann. Auch wenn wir nicht-materielle Überlieferungstraditionen berücksichtigen und ‚*oral history*' ernst nehmen, bleibt doch erschreckend viel von dem, was nicht materiell greifbar ist und sich erhalten hat, unbekannt, und verschwand mit den Jahrhunderten im Dunkel der Geschichte.

Soziale Praktiken, Rituale und Routinen, mündliche Überlieferung, ja auch wichtige Gegenstände, die aber eben aus vergänglichem Material waren – das ist deutlich schwerer zu erforschen und hat unser Bild von der Vergangenheit weniger geprägt als Steintempel oder Metallmünzen. Wir sollten also vorsichtig sein mit Mutmaßungen über die alte Geschichte wirtschaftlicher Zusammenhänge und ebenso mit solchen über die Urgeschichte des Vermögens. Das, was wir sehen, greifen und einfach dokumentieren können, ist immer nur ein Teil; wir nehmen nicht mehr als kleine Ausschnitte der historischen Realität wahr.

Die Beantwortung der Frage, ab wann wir von Vermögen und Vermögensbildung sprechen können, hängt davon ab, wie sehr wir das Vermögen mit einem entwickelten Geld- oder sogar Finanzsystem verbinden. Die Vermögensfrage und die Frage nach dem Geld hängen also zusammen. So ergeben sich zum Beispiel folgende Fragen:

- Ab wann sprechen wir von Zahlungsmitteln und Wertspeichern?
- Und fiel das denn immer zusammen?
- Ist die Existenz von Vermögen davon abhängig, ob, wann und wie das Geld seine klassischen drei Funktionen von Tauschmittel, Wertmaßstab und Wertspeicher verband?
- Können wir einschätzen, was für Menschen in verschiedenen Kulturen als wertvoll galt?
- War die Sammlung von Waffen oder von Fellen, von Nahrungsmitteln und Werkzeugen, die es beispielsweise bei Angehörigen früher Jäger-Gesellschaften sicherlich gab, schon „Vermögen"?

- Ist das Anlegen von Vorräten in bäuerlichen Gesellschaften als „Vermögensbildung" zu bezeichnen?
- Sind im Mittelalter die goldverzierten Kreuze oder die religiösen Gemälde Kirchenvermögen?
- Was ist mit den großen Steinrädern, die auf bestimmten pazifischen Inseln als Geld bzw. als Ausweis von Wohlstand gesehen wurden (z. B. die Steinräder auf Yap)?
- Und entspricht die Vermögensbildung einem menschlichen Grundtrieb, ist sie ein ökonomischer Ermöglicher und zivilisatorischer Motor oder vielleicht nur die Luxus-Arabeske?

In seinem großen historischen Übersichtswerk „Die Geschichte der Vermögensanlage"[8] stellt der Autor Johannes Seuferle die enorme Bandbreite möglicher Wertgegenstände vor. Seine beeindruckende ökonomische und historische Tiefenbohrung macht uns deutlich, wie vielfältig und ausdifferenziert das Feld ist. Sehr wichtig sind schon in frühen Zeiten gegenseitige Zahlungsverpflichtungen, die unterschiedlich dokumentiert sein können, z. B. Zahlungsverpflichtungen von Individuen, Gruppen, Familien, Städten oder Staaten. Seuferle fasst im Weiteren Vermögen als Bestand von Werten über den unmittelbaren Bedarf hinaus, vor allem als Gesamtheit von Gegenständen von finanziellem Wert und Forderungen auf solche Gegenstände. Um eine geschichtliche Einordnung zu ermöglichen, zählt er die Eigenschaften auf, die Vermögensgegenstände haben sollten. Damit etwas als Vermögen gilt, muss es, gleich, ob wir über Land, Schmuck, Staatsanleihen, Aktien oder Kryptowährungen sprechen, bestimmte Qualitäten haben, die es als wertvoll und nachhaltig ausweisen. Dazu gehören:

1. **Beständigkeit** – Vermögensgegenstände sollten über lange Zeiträume zur Aufbewahrung bzw. Speicherung von Wert dienen.
2. **Liquidität** – Sie sollten leicht handelbar sein, sodass sie bei Bedarf schnell in Bargeld umgewandelt werden können.
3. **Wertsteigerungspotenzial** – Sie sollten die Möglichkeit bieten, nicht nur Werte zu erhalten, sondern im Laufe der Zeit an Wert zu gewinnen.

Zudem ist es wesentlich, dass sich die Risiken der verschiedenen Elemente von Vermögen ergänzen. Das können wir unter **Diversifizierbarkeit** fas-

8 Johannes Seuferle, Die Geschichte der Vermögensanlage, Frankfurt a. M. (Westend) 2023

sen: Eine breite Streuung der Anlageformen minimiert Risiken. Vermögensbestandteile, die in Krisen an Wert verlieren (wie bestimmte Aktien), werden immer durch solche ergänzt, die gerade in Krisen wertvoller werden (wie Gold). Das Vermögen, so sehen wir auch hier, ist immer zukunftsbezogen. Auch in seinen unterschiedlichen Risikopotenzialen...

Wichtig ist, Vermögen von der reinen Lagerhaltung zu unterscheiden. Austausch und Wertvergleich, Handel und wirtschaftliche Entwicklung in einem gesicherten Rahmen gehören dazu. Grundlage dafür ist die Sesshaftwerdung des Menschen. Vor dieser Revolutionierung der Lebensverhältnisse gab es auch keine wirtschaftliche Aktivität im eigentlichen Sinne. Nun erst entstanden Lagerplätze und größere Siedlungen. Es macht also wohl Sinn, bei der historischen Beschreibung den Vermögensbegriff in der Nähe der Herausbildung erster städtischer Zivilisationen mit Handelsbeziehungen anzusiedeln, die Rechtsysteme gegenseitiger Verpflichtung kannten. Wenn das Vermögen nicht einen anerkannten rechtlichen Status hat, dann ist es kaum zu verteidigen. Dazu muss aber auch festgehalten sein, dass bestimmte Werte zu bestimmten Menschen gehören – durch Urkunden, Verzeichnisse, Besitztafeln oder ähnliches. Vermögen, das nicht dokumentiert und beschrieben ist als Element im Waren- und Dienstleistungsverkehr, ist keines. Nur wer schreibt, der bleibt – vermögend.

Ägypten

Und so kommen wir unweigerlich zu den alten Ägyptern. In den Jahrhunderten der altägyptischen Zivilisation (ab ca. 3000 v. Chr.) gab es zunächst kein Geldwesen und auch keinen privaten Handel in unserem Sinne, aber wohl sehr früh städtische, staatliche und institutionelle Vermögensbildung in dem Sinne, dass große Lager für Waren, sowohl Rohstoffe als auch verarbeitete Güter, angelegt wurden. Ohne sich in wirtschaftsgeschichtlichen Teilfragen verlieren zu wollen[9], ist hier ein Blick auf die Wirtschaftsgrundlagen dieser Zeit wichtig. Die ägyptische Zivilisation war wesentlich auf der Nutzung der Nil-Landschaften aufgebaut, der Fluss Nil war die Hauptlebensader und Voraussetzung des Wirtschaftens. Eine der großen Herausforderungen war die, die regelmäßigen Überflutungen des Nils, welcher immer

9 Dazu lässt sich viel Kluges nachlesen bei: Manfred Gutgesell, Arbeiter und Pharaonen. Wirtschafts- und Sozialgeschichte im Alten Ägypten, Hildesheim (Gerstenberg) 1989

wieder über seine Ufer trat und weite Teile des Landes unter Wasser setzte, in einen geordneten landwirtschaftlichen Wirtschaftsbetrieb einzubinden. Und dafür war gute Vorbereitung von Geräten und Samen, zeitliche Planung und Koordinierung, d. h. Investition nötig. Denn die Überschwemmungen sorgten zwar für große Fruchtbarkeit, machten aber gleichzeitig die regelmäßige Bewirtschaftung schwer. Planung wurde zum entscheidenden Faktor.
Die Ägypter sammelten nicht nur, um zu haben oder den Augenblick zu bestehen, sie planten und investierten in großem Umfang vor unterschiedlichen Zeithorizonten. Die biblische Geschichte von Joseph, der dem Pharao die Träume deutet, ist ein Hinweis auf die zyklische Planung in der ägyptischen Zivilisation: fette und magere Jahre wechselten sich ab – und für beide mussten Vorbereitungen getroffen werden. Eine Übersicht über alle Ressourcen war wesentlich. Dazu gehörten übrigens auch die Sklaven. Ohne große Sklavenheere wäre eine Bewirtschaftung der landwirtschaftlich nutzbaren Flächen, die Verteilung der landwirtschaftlichen Erzeugnisse, aber auch der Bau der Bewässerungskanäle und natürlich der Pyramiden, kaum denkbar gewesen.

Wir dürfen überhaupt für die ganzen antiken Ökonomien, auch die später folgende griechische und römische, nicht vergessen, dass Sklaven ein wichtiger Vermögensteil waren. Ihre Arbeitskraft wurde genutzt, ihre Güter gehörten meist dem Herrn – und die Nachkommen ebenso. Sklaven waren ein Vermögen, das sehr direkt etwas bewirkte und sich für verschiedenste Zwecke einsetzen ließ.

Übrigens – die Nebenbemerkung muss hier erlaubt sein – sollten wir nicht voreilig davon ausgehen, dass das Zeitalter der **Sklaverei** schon vorbei wäre. Auch heute noch werden Menschen als Sklaven gehalten – weltweit! Schuldleibeigenschaft, Prostitution, Kinderarbeit, Zwangsehen: viele Formen der Sklaverei in der Gegenwart könnten aufgezählt werden, auf allen Kontinenten. Nach Schätzungen der International Labour Organization (ILO) leben ungefähr 50 Millionen Menschen gerade jetzt, wenn Sie dieses Buch lesen, als Sklavinnen und Sklaven.

Die unrühmliche Tradition der Versklavung hat jedenfalls die Grundlage unserer abendländischen Zivilisation wesentlich geprägt. Die historischen Phasen der griechischen und römischen Antike waren Phasen der intensiven

Sklavenwirtschaft. Für diese Zeit lässt sich klar sagen, dass in einem wohlhabenden Haushalt ganz selbstverständlich Sklaven ein wichtiger Vermögensbestandteil waren. Sie waren für einfache Handarbeiten, Schutz und Logistik, für sexuelle Dienstleistungen und musikalische Darbietungen, aber auch für die Erziehung und Bildung zuständig – wie die griechischen Hauslehrer im Römischen Reich.

Ansonsten waren in der Antike Vermögenbestandteile zentral, die schon in Griechenland, aber dann auch in der römischen Zeit den Kern des Wohlstands ausmachten: Grundbesitz, Viehbestand, Münzen, handelbare Waren. Sowohl in den griechischen Stadtstaaten wie im Römischen Reich galten auch soziale Beziehungen, also Einfluss, als Vermögenswert. Und wer in der politischen oder gesellschaftlichen Hierarchie aufstieg, der konnte entsprechend gute Geschäfte machen, seinen materiellen Reichtum mehren.

Greifen wir zur Veranschaulichung jeweils einen reichen Griechen sowie einen reichen Römer heraus:

Krösus

Der lydische König Krösus (ca. 590 bis 541 v. Chr.) wird oft als reichster Mensch des antiken Griechenlands bezeichnet. Diese Einschätzung geht auf den Geschichtsschreiber Herodot zurück, welcher von seinem sagenhaften Reichtum berichtet. Der Reichtum des Krösus, der Lydien in Kleinasien (vermutlich im Gebiet der heutigen Türkei) ungefähr 555 bis 541 v. Chr, beherrschte, beruhte wohl auf den Bodenschätzen seines Landes. Es war berühmt für die großen Goldfunde; geradezu legendär waren auch die Vorkommen an Elektrum, einer Gold-Silber-Legierung, die mit dem Fluss Paktolos in Verbindung gebracht wird. Aus Elektrum sollen auch die ersten Münzen geprägt worden sein. Krösus hat den Begriff des Reichtums so sehr bestimmt, dass sich die Redensart „reich wie Krösus" eingebürgert hat und reiche Menschen gerne als „Krösus" bezeichnet werden.

Im Fall des Krösus können wir sehen, wie Rohstoffe, die klug „umgemünzt" werden, eine entscheidende Rolle spielen können, aber auch wie politische Macht in finanziellen Reichtum verwandelt wird.

Das sollten wir für die weiteren Überlegungen im Hinterkopf behalten:

Wann wird Macht in Vermögen verwandelt – und wann ist es umgekehrt so, dass Vermögen in Macht verwandelt wird?

Die Übergangszonen und -bedingungen zwischen finanziellen und politischen Potenzialen verschieben sich fortwährend – mit der Tendenz, dass politische Macht sich auf materiellen Reichtum gründet. Letzteres scheint eher in den modernen Zeiten bis in die Gegenwart vorzukommen... Und das Kaufen von Macht mit Geld oder der Erwerb von Geld durch Macht, war oft ein Thema moralethischer Diskussion:

„Ein guter Minister sollte an seinem Lebensende reicher an Ruhm und guten Taten geworden sein als an Vermögen" – dieses Zitat unbekannter Herkunft wird gerne Niccolò Machiavelli zugeschrieben, sicherlich einer der größten Kenner von Machtdynamiken.

Marcus Licinius Crassus

Für die Wirtschaftsgeschichte Roms sollte der Name Marcus Licinius Crassus (ca. 115 bis 53 v. Chr.) nicht unerwähnt bleiben. Er wird üblicherweise als der reichste Mensch im Römischen Reich betrachtet. Sein Vermögen beruhte wesentlich auf Immobilienbesitz, aber er bespielte die ganz Skala der Vermögensmehrung, verband dabei ökonomische, politische und militärische Bereiche. Der Politiker und General war bekannt für seine enorme Habgier und seine geschickten Investitionen, wie gesagt insbesondere in Immobilien.

Crassus nutzte unter anderem die Praxis, heruntergekommene, beschädigte oder sogar brennende Gebäude günstig zu kaufen und sie mit eigenen Sklaven wieder aufzubauen, um daraus Profit zu schlagen. Er errichtete riesige Mietskasernen, die Hochhäuser des antiken Rom (wir dürfen nicht vergessen, dass auch Beton damals als Baustoff schon zur Verfügung stand) und generierte regelmäßige Einnahmen aus diesen. Sein Vermögen wurde auf 7.100 Talente Silber geschätzt, was ihn zum reichsten Mann seiner Zeit machte. Die Umrechnung in heutige Geldwerte ist außerordentlich schwierig, da Warenkörbe kaum erstellt werden können und die Lohn- oder Gehaltsverhältnisse ganz anders waren sowie das ökonomische Umfeld, in dem ein konkreter Geldwert errechnet werden könnte. Aber vermutlich liegen wir nicht ganz falsch, wenn wir davon ausgehen, dass Crassus in heutiger Kaufkraft über deutlich mehr als 100 Milliarden Euro verfügte.

> Er war Teil des Ersten Triumvirats mit Julius Caesar und Pompeius, doch sein Versuch, dauerhaft militärischen Ruhm zu erlangen, endete mit einem Misserfolg: 53 v. Chr. wurde er in der Schlacht von Carrhae gegen die Parther besiegt und getötet. Crassus scheiterte also letztlich auf dem Schlachtfeld bei dem Versuch, ökonomische Macht in politische umzusetzen – obwohl er natürlich einen ganz erheblichen Einfluss besaß und die römische Geschichte in der wichtigen Phase des Übergangs von der Republik zur Kaiserherrschaft prägte.

Nach dem Ende des Römischen Imperiums, einer Phase, die wir durchaus als „**Globalisierung**“ beschreiben können, änderten sich die wirtschaftlichen und finanziellen Verhältnisse radikal. Je nach Perspektive ist die Zeit der Auflösung des Reiches als „Völkerwanderung“ oder als „Einfall der Barbaren“ beschrieben worden, als Ende oder Beginn einer Zivilisation, als Transformation oder Zerstörung. Unzweifelhaft bricht jedenfalls das Handels- und Geld-System zusammen und es findet in vielen Teilen Europas eine Rückkehr zur Naturalienwirtschaft und zur regionalen Ökonomie statt: Nun werden nicht mehr in großem Umfang Waren zwischen England, Italien, Afrika und dem Nahen Osten transportiert, die einheitliche Geldordnung zerfällt in viele verschiedene Währungs- und Wirtschaftsbereiche.

Das sich herausbildende **Mittelalter** hatte dementsprechend auch neue Formen des Reichtums und des Vermögens, die weniger auf das arbeitsteilige internationale Handelssystem der Römer gegründet waren. Hervorzuheben sind jetzt die abnehmende Bedeutung der Geldwirtschaft und die Neubildung von ökonomischen Zentren, welche oft kirchliche Machtzentren waren. Einige wertvolle Dinge blieben wertvoll und stellten immer noch so etwas wie Vermögen dar: Vieh, Landbesitz, Schmuck etc. Münzen aber sowie auch bestimmte rechtliche Ansprüche galten nun nicht mehr selbstverständlich, zumal ein einheitliches Gerichtswesen mit ausführlichen Rechtvorschriften wie im Römischen Reich nicht mehr existierte.

Geldknappheit und Geldentwertung waren Phänomene der mittelalterlichen Ökonomie.

In einigen Zentren wurde eine ausdifferenzierte Wirtschaft mit Geldverkehr aufrechterhalten – oft standen Klöster und Bischofssitze im Mittelpunkt. Auch Städte konnten sich behaupten, die das Umland dominierten und organisierten. An dieser Stelle müssen wir berücksichtigen, dass es natürlich nicht nur Städte und Zivilisationen in Europa gab. Wir reden über eine Zeit, in der das Abbasiden-Kalifat im Vorderen Orient eine wichtige Rolle spielte und das wirtschaftlich und kulturell bedeutende Bagdad (gegründet 762) mehr zu bieten hatte als die westlichen Metropolen. Auch in China haben wir es mit einer weit entwickelten Hochkultur zu tun, die in Wirtschaft und Handel Vermögensbildung ermöglichte, besonders nach der Einigung des Reiches. Das Vermögen im europäischen Mittelalter war jedenfalls oft kirchliches Vermögen bzw. von der Kirche sanktioniertes Vermögen. Die religiöse Sicht der Dinge drückt sich gut in zeitgenössischen Selbstdarstellungen reicher Menschen aus – wie bei dem tiefreligiösen Jakob Fugger, der mittelalterlichen Glauben mit modernem Kaufmannsgeist verband und so eine Figur zwischen den Zeiten darstellt. Vermögende Menschen des Mittelalters wollten immer auch einen „Schatz im Himmel" bilden und nicht nur irdische Güter anhäufen. Das ergibt natürlich einen Sinn, wenn man davon ausgeht, dass einem nach dem Tod noch eine Unendlichkeit bevorsteht, die man mehr oder weniger angenehm verbringen kann.[10]

Diese Bedenken nehmen aber beim Übergang in die Phase ab, die wir als Frühe Neuzeit bezeichnen. Wann genau das Mittelalter endet und eine neue Ära beginnt, das ist nicht klar zu sagen; gerne wird der Epochenbruch im 15. Jahrhundert angesiedelt und an prägnanten Ereignissen festgemacht wie dem Fall des Byzantinischen Reiches 1453 oder der Entdeckung Amerikas durch Christoph Columbus 1492. In jedem Fall spielen neue Wirtschaftsbeziehungen zwischen den Kontinenten (so auch der Strom von Edelmetallen, der bald aus der „Neuen Welt" zu fließen beginnt) eine wesentliche Rolle.

Das Vermögen und die Vermögensbildung internationalisieren sich und die Geschäfte über große Distanzen hinweg prägen die Bestandteile der neuen Vermögensformen. Für den Fernhandel werden Kooperationen gebildet. In der Urform bedeutet das nicht mehr, als dass einige wohlhabende Menschen zusammen ein Schiff ausrüsten, damit durch dieses weit entfernt Waren gekauft oder verkauft werden können. Die Risiken sind so geteilt, das Kapital gemeinschaftlich zur Verfügung gestellt. Daraus entwickeln sich die großen Handelsgesellschaften wie die holländische oder die britische Ostindienkompagnie. Die Britische Ostindienkompagnie (British East India Company, BEIC) wurde im Jahr 1600 gegründet, die Niederländische

---

10 Interessante Zeugnisse der frühen ökonomischen Literatur finden sich in Johannes Burckhardt / Birger Priddat (Hrsg.), Geschichte der Ökonomie, Frankfurt am Main (Deutscher Klassiker Verlag) 2009

Ostindienkompagnie (Vereenigde Oostindische Compagnie oder Vereenigde Geoctroyeerde Oostindische Compagnie, VOC) 1602. Zeitgleich entwickeln sich mit den Börsen die Plätze, an denen neue Zahlungs-, Verbriefungs- und Wertsicherungsformen möglich werden. Das Vermögen in der Frühen Neuzeit nimmt zunehmend die Form von Papieren, von Wertpapieren an.

In dieser geschichtlichen Phase erleben wir eine **neue Globalisierung**. Nach der Integration von Ländern und Landschaften mit ihren Wirtschaftsräumen um das mittelmeerische Reich der Römer wird nun ein kontinenteumspannendes Handelssystem errichtet, auf dem die später folgende Globalisierung des 20. Jahrhunderts aufbaut. Diese, und damit die Vermögensformen in der Moderne, werden durch die Industrialisierung ermöglicht. Das ist wieder einer jener großen Produktivitätssprünge, der neue Schlüsselfaktoren der wirtschaftlichen Entwicklung mit sich bringt.

Durch die **Industrialisierung** deren Umwälzungen Kapitaleinsatz und Investition auf ganz neue Grundlagen stellen, wird auch der Anteil der Landwirtschaft verringert, gleichzeitig wird diese durch den Einsatz neuer Techniken (Kunstdünger, Traktoren...) viel produktiver und mit weniger Boden können mehr Menschen versorgt werden[11]. Neben vielen anderen grundsätzlichen Veränderungen bringt die Industrialisierung einen starken Anstieg der Bevölkerung mit sich. Und diese Menschen leben zunehmend in städtischen Ballungsräumen. In der Geschichte der Vermögensformen ist auch dieser Megatrend bedeutend: **Urbanisierung**.

> Vor 1800 lebten ungefähr 3-5% der Bevölkerung in Städten, um das Jahr 2050 herum werden es voraussichtlich rund 70 % sein[12].

Die städtische Lebensweise sowie die stadtzentrierten Formen der Wirtschaft verändern die Vermögensverhältnisse erheblich. Die Industrialisierung verstärkte also auch die Bedeutung städtischer Metropolregionen und sorgte für die Schaffung ganz neuer Bevölkerungsschichten und soziologischer Strukturen: Das **Industrieproletariat** erschien auf der Bühne der Geschichte. Die damit entstehenden sozialen Fragen wurden von Karl

---

11 Angus Deaton, Der große Ausbruch. Von Armut und Wohlstand der Nationen, Stuttgart (Klett-Cotta) 2017, aber auch Deidre McCloskey, The Industrial Revolution 1780-1860: A Survey, Chapter 6 in Floud and McCloskey eds., *The Economic History of Britain, 1700-Present* (1981), Band. 1, S. 103-127.

12 Eine faszinierende Geschichte der Urbanisierung bietet Ben Wilson, Metropolen. Eine Geschichte der Menschheit in den Städten, Frankfurt a. M. (Fischer) 2022

Marx und Friedrich Engels („Die Lage der arbeitenden Klasse in England") aufgegriffen und in eine Theorie der wirtschaftlichen Gesamtentwicklung und eine Geschichtstheorie integriert, die als politisches Programm weltpolitische Veränderungen mit sich brachte.

Für den Vermögensbegriff bedeuten die Transformationen, dass Anteile an den neuen Wirtschaftszweigen, Firmen und Techniken entscheidend werden:

- Landbesitz wurde unwichtiger,
- Industriebeteiligungen hingegen gewannen an Wert.

Und einige konnten von diesen Veränderungen enorm profitieren. Das 19. Jahrhundert, in dem die entscheidenden Schritte der Industrialisierung stattfinden, war auch die Zeit der *„robber barons"*, der Industriemagnaten wie Vanderbilt, Rockefeller, Morgan oder Carnegie. In diesem vergoldeten Zeitalter, dem ‚*Gilded Age*' bildete sich eine Konstellation von Vermögen und Vermögenserwerb heraus, die bis in die Gegenwart Bestand hat.

Räuberbarone und Nouveaux Riches aus Schwellenländern

Die Zusammensetzung der Vermögensbestandteile eines Andrew Carnegie (1835-1919) ähnelt schon sehr der eines reichen Industriellen der Gegenwart. Damals wie heute sind Wertpapiere, Immobilien und direkte Unternehmensanteile die entscheidenden Elemente. Und damals wie heute muss sich das Vermögen immer wieder neu am Markt behaupten – der Untergang großer Vermögen wie des Vanderbilt-Vermögens illustriert das. Die Probleme, die die Vermögenden im 19. Jahrhundert beschäftigten, sind den heutigen oft verblüffend ähnlich.

Und dennoch hat sich natürlich einiges geändert. In der Gegenwart dürften noch Kryptowährungen und andere virtuelle Werte hinzukommen – und der Anteil der Investitionen in Startups spielt ebenfalls eine Rolle. Die Weltregionen der Vermögensbildung und -bewahrung haben sich geändert, Asien spielt nicht nur durch den erstaunlichen Aufstieg Chinas eine ganz andere Rolle als im 19. Jahrhundert; die asiatisch-pazifische Region ist die am schnellsten wachsende Wirtschaftsregion der Welt und ein zunehmender Anteil der globalen Vermögenselite kommt aus asiatischen Ländern. Wer weiß, wie sich die Verhältnisse noch weiterentwickeln, welche Rolle Indien spielen wird oder ob es in Afrika gelingt, ganz neue Wachstumsperspektiven zu entwickeln ...

Wir wollen den kleinen Exkurs zur Geschichte der Vermögen mit einem Blick auf die Art schließen, wie diese Vermögensentwicklung dargestellt werden kann. Natürlich können wir nicht nur eine Geschichte der Vermögensbildung schreiben, sondern auch eine Geschichte der Beschreibungen von Vermögensbildung. Die Frage wäre dann also nicht die, die am Anfang dieses Kapitel steht („Ab wann wurde Vermögen gebildet?"), sondern wir könnten fragen:

„Ab wann wurde ‚Vermögen' beschrieben?"

Es würde den Rahmen dieses Buches sprengen, hier noch einmal eine Geschichte „Von der Praxis der Vermögensbildung zur Theorie der Vermögensbildung" zu schildern, aber einige Namen und theoriegeschichtliche Entwicklungslinien seien doch genannt. Der Begriff „Vermögen" wird in der Ökonomik aus unterschiedlichen theoretischen Perspektiven betrachtet – je nachdem, ob man ihn als individuelle Ressource, als gesellschaftliches Machtmittel oder als makroökonomischen Faktor versteht.

Hier sind die **wichtigsten Theoriestränge**, die sich mit Vermögen befassen:

Von **Aristoteles** sind uns Bemerkungen zur guten Wirtschaft erhalten, die das Haus in den Mittelpunkt stellen – eine Hauswirtschaft mit Einkünften und Ausgaben, einem Personalbestand und Leitungsstrukturen. Daher ist er auch der Namensgeber der Ökonomie – ‚*oikonomia*' lautet seine Bezeichnung: von ‚*oikos*' (Haus, Hauswirtschaft) und ‚*nomos*' (Gesetz, Regel). Er beschreibt in seinen Werken „Nikomachische Ethik" und „Politik" wie Besitz erworben wird, welche Rahmenbedingungen für seine Erhaltung wichtig sind und welche Voraussetzungen der Hausvorstand (der damals selbstverständlich männlich war) mitbringen muss. Erwähnenswert für unseren Zusammenhang ist, dass er die ‚*oikonomia*', die kluge Besitzverwaltung und Bedürfnisbefriedigung, von der ‚*chrematistike*' abgrenzt, einem Drang, Geld um des Geldes willen zu vermehren. Diese Form wirtschaftlicher Betätigung lehnt er, ebenso wie das Zinsnehmen, scharf ab.

Im altgriechischen Wirtschaftsdenken müssen wir zudem noch **Xenophon** erwähnen. Xenophon berichtet uns schon von einer entwickelten städtischen Wirtschaftsform, die das Geld verwendet und er beschreibt genau, wie dieses Geld Unterschiede deutlich macht und komplexe Handelsbeziehungen ermöglicht. Auch bei Xenophon wird schon deutlich, was spätere Wirtschaftsdenker immer mehr herausarbeiten: Geld ist nicht gleich Vermögen. Wichtige Werke dieses unterschätzten Denkers sind ‚*Oikonomikos*' und ‚*Poroi*'. Während im ‚Oikonomikos' die gute Haushaltsführung mit den Eigenschaften verbunden wird, die Menschen haben müssen, erörtert ‚Poroi' die Frage der Staatsfinanzen. Dabei sieht sich Xenophon die Formen des Gebrauchs von Gütern, aber auch die Dynamiken der gesellschaftlichen Ausdifferenzierung genau an. Er beginnt mit dem, was wir heute wirtschaftssoziologische Untersuchungen zu den verschiedenen Einkommensgruppen nennen würden, und legt erste theoretische Ansätze zum Außenhandel vor.

Die römischen Denker stellen oft die landwirtschaftlichen Betriebe in den Vordergrund und erläutern, welche Art von Vermögen Landgüter und Sklaven darstellen. Hier sind zum Beispiel **Lucius Iunius Moderatus Columella** (– 70 n. Chr.) oder **Marcus Terentius Varro** (116 v. Chr. – 27 v. Chr.) zu nennen. Bei den Stoikern wie **Lucius Annaeus Seneca** (ca. 1 n. Chr. – 67 n. Chr.) gibt es dann Erwägungen der inneren Gelassenheit, die man trotz äußerer Umstände wie Armut oder Reichtum beibehalten solle. Obwohl Seneca selbst ein sehr reicher Mensch gewesen ist, spricht in seinen Texten er nicht viel über wirtschaftliche Größen, sondern mehr darüber, welche innere Haltung und welches äußere Verhalten angemessen sei. Sein Vermögen, das nicht nur durch die Vermarktung seiner rhetorischen Fähigkeiten und kaiserliche Geschenke, sondern auch durch gewagte Spekulationen und Krediten zu Wucherzinsen so groß gewesen sein soll, steht in merkwürdigem Widerspruch zu den Maximen seiner Lehre, die auf Einfachheit, Disziplin, Verzicht und Mäßigung setzt. Auf der expliziten Oberfläche seiner Schriften geht es immer mehr um Tugend als um Taler (oder römische Talente).

Diese Konzentration auf die moralisch-ethischen Fragen in den Handlungen des Individuums setzt sich in der historischen Phase verstärkt fort, die wir ‚Mittelalter' nennen – verbunden mit dem religiös-philosophischen Bemühen um eine Welterkenntnis, die mit dem Seelenheil des Einzelnen verbunden ist. Gott und seine Erwartungen an den Menschen rücken in den Mittelpunkt. **Thomas von Aquin** (ca. 1225-1274) spricht über wirtschaftliche Entscheidungen, weil er beschreiben will, was dem göttlichen Willen, dem göttlichen Gesetz und seiner Rationalität entspricht und was nicht. Wirtschaft, aber auch Wirtschaftsethik ist ein Nebeneffekt des gottgefälligen Lebens. Bei Thomas werden daher oft konkrete Fragen nach Handlungsalternativen behandelt: Soll ich dies oder jenes tun? Ist es richtig, wenn ich etwas kaufe oder verkaufe? Er zeichnet kein theoretisches Abbild wirtschaftlicher Zusammenhänge, sondern diskutiert Handlungssituationen, um herauszufinden, welche Entscheidung den göttlichen Willen umsetzt.

Das ändert sich allmählich in der Renaissance und wird vollkommen ersetzt in der Neuzeit: die säkulare Logik ergänzt und dominiert bisweilen die Orientierung am Glauben. Vermögen ist nun nicht mehr unmittelbar auf das göttliche Heilswerk bezogen, sondern bekommt eine eigene, eine ‚innerweltliche" Bedeutung. Eine Schlüsselfigur dafür ist Martin Luther (1483-1546), der nicht nur den Ablasshandel der Kirche scharf kritisierte, sondern eine neue Form von religiöser Würdigung der Berufs- und Wirtschaftstätigkeiten anstieß (wobei er die Reichtümer der großen Handelshäuser der Fugger und Welser verurteilte) und die Voraussetzungen für ein modernes Verständnis des Berufsethos schuf. Wir sehen, wie die Beschäftigung mit den wirtschaftlichen Fragen sich herauslöst aus den Zusammenhängen der Philosophie oder Theologie – die Wirtschaftswissenschaft oder Ökonomik entsteht. Wir können diese Verwissenschaftlichung und Gewinnung von Autonomie über drei Schritte nachvollziehen – in den Werken des **Merkantilismus**, der **Physiokratie** und der Herausbildung des **klassischen Paradigmas**, das sich vor allem mit dem Namen **Adam Smith** verbindet. Da die Herausbildung einer ökonomischen Wissenschaft auch die Entwicklung von Denkformen und Argumenten zum Vermögen betrifft, sollten wir uns das noch einmal genauer ansehen. Wenn nicht mehr vor allem über menschliche Tugenden oder göttliche Ordnungen gesprochen wird und kein ‚Schatz im Himmel' angesammelt werden soll, sondern eine eigene Sphäre der ökonomischen Aktivität beschrieben wird, dann verdanken wir das den Schulen des Merkantilismus und der Physiokratie. Auf ihren Vorarbeiten und in kritischer Auseinandersetzung mit ihnen konnten die großen Denker der ersten ökonomischen Klassik, allen voran Adam Smith, aufbauen.

Der **Merkantilismus** stellt sich selbst die Aufgabe, den Reichtum eines Landes zu steigern, vor allem durch eine positive Handelsbilanz: viel verkaufen und damit gute Einnahmen generieren, aber selbst nicht zu viel ausgeben – das Geld soll ins Land fließen und möglichst nicht wieder hinaus. Merkantilisten wollten nicht nur beschreiben, sondern auch gestalten durch proaktive Wirtschaftspolitik; verstanden sich als Berater der Landesherren, die ihren Staatsschatz beziehungsweise ihre Schatzkammer auffüllen mussten. Von der ‚*camera*' (lat. für Zimmer oder Gewölbe), der fürstlichen Kammer, in der die Schatzkisten stehen, wurde auch der ‚Kameralismus' oder die ‚**Kameralistik**' abgeleitet, die die deutsche Variante des Merkantilismus darstellt. Im Merkantilismus wird schon viel über das Vermögen des Einzelnen und des Staates nachgedacht, auch in der Form, dass die Potenziale erforscht werden, die wir zur Steigerung des Reichtums benötigen. Merkantilisten waren Wirtschaftsförderer und Strukturpolitiker – Handwerkszweige, die Einkommen brachten, sollten angesiedelt werden, Verkehrswege verbessert und staatliche Verwaltungen effizienter gemacht. Im Merkantilismus, der den Handel so in den Vordergrund stellte (‚mercator', lat. für Kaufmann), wurden die Quellen des Wohlstands ausgeleuchtet.

Für die Schule der **Physiokraten**, die wichtigste Gegenbewegung gegen die Merkantilisten, war es wiederum wichtig, die Grundlage dieses Wohlstands in den natürlichen Ressourcen zu erkennen. Wo entstehen die Werte in einer Volkswirtschaft und wie werden sie verteilt? Nur die Natur, so die Lehre der Physiokratie, schafft wirklich neue Werte, alle anderen Vorgänge sind Verarbeitungsprozesse oder Transport. Einer ihrer wichtigsten Vordenker, **Francois Quesnay** (1694-1774), beschreibt in seinem ‚*Tableau économique*' erstmals ein vollständiges Bild der Waren- und Güterströme und gibt so ein erstes numerisches Fluß- und Ablaufdiagramm volkswirtschaftlicher Gesamtzusammenhänge. Oft wurden die Parallelen zwischen diesem Modell und dem Blutkreislauf bzw. der Mechanik einer Uhr herausgestellt.

Während Merkantilisten und Physiokraten vor allem in Frankreich ihre großen Vertreter hatten, wechselt danach das Zentrum ökonomischer Innovation nach Norden, ins schottische Edinburgh. **Adam Smith** (1723-1790) können wir als den Gründungsvater der wissenschaftlichen Ökonomik ansprechen. Sein Hauptwerk, ‚*Wealth of the Nations*' von 1776 vereinigt Erkenntnisse von Merkantilisten und Physiokraten, die Smith bei Reisen in Frankreich kennengelernt hatte. Schon, dass „*Wealth*", also Vermögen bzw. Wohlstand im Titel auftaucht, sollte uns hier neugierig machen.

Wie entsteht nach Smith das Vermögen?

Es ist das Ergebnis von Arbeit und Handel, äußert sich in Kapitalbildung und Investitionen. Es ist ein Band, das Menschen zusammenhält und zur Kooperation bringt, die ganz eigene Interessen verfolgen. Faszinierend an Smith ist, wie er ein Zusammenwirken der Menschen beschreibt, das ihrem natürlichen Selbstinteresse gerecht wird: gerade, weil sie eigenen Interessen folgen, kooperieren die Menschen. Voraussetzung dafür ist persönliches Eigentum und Austausch über Marktbeziehungen. Wenn im Rahmen dieser

Bedingungen Vermögen erworben wird, dann ist das nach Smith auch moralisch gerechtfertigt.

Allerdings sollten wir nicht in den Fehler verfallen, zu glauben, dass Adam Smith Bereicherung als etwas nur Positives sieht. Viele Bemerkungen über die Reichen und ihren gesellschaftlichen Status, illustrieren das:

> „Dieser Hang, die Reichen und Mächtigen zu bewundern und beinahe göttlich zu verehren, und Personen in ärmlichen und niedrigen Verhältnissen zu verachten ... ist zugleich auch die größte und allgemeinste Ursache der Verfälschung unserer ethischen Gefühle."[13]

Dass auch zwischen den Ländern die richtige Form von Handel und Marktaustausch Vorteile bringt, das entwickelt dann **David Ricardo** (1772-1823) weiter, der beschreibt, wie Länder vom gegenseitigen Austausch profitieren, wenn sie sich jeweils auf das konzentrieren, was sie am besten herstellen können (Theorie vom komparativen Kostenvorteil). Auch das ist eine Quelle des Vermögens, das nun nicht nur in einer Nation, sondern zwischen den Nationen entsteht, wobei der Produktionsfaktor Arbeit zentral ist.

An dieser geschichtlichen Stelle sollten wir auch den **Marxismus** würdigen, der sowohl innerhalb der Nation wie in ihrem Außenverhältnis zwar auch das Schaffen von Reichtum und die Erzeugung von Gütern behandelte, vor allem aber auch die ungerechte Verteilung. **Karl Marx** (1818-1883) und **Friedrich Engels** (1820-1895) beschrieben in ihren Arbeiten in Anknüpfung an Ricardo die Erzeugung von wirtschaftlichen Werten durch Arbeit (Arbeitswerttheorie), kritisierten, dass die Arbeit nicht ausreichend gewürdigt und bezahlt werde und entwickelten eine Geschichtstheorie, in der diese Ungerechtigkeit irgendwann aufgehoben werden sollte – in einer klassenlosen und gerechten Gesellschaftsordnung. Ziel sei es,

> „alle Verhältnisse umzuwerfen, in denen der Mensch ein erniedrigtes, ein geknechtetes, ein verlassenes, ein verächtliches Wesen ist"[14].

Die ungleiche Vermögensverteilung ist, als Ausdruck der Herrschaft einer Klasse, ein wichtiges Zeichen dafür, dass die idealen Verhältnisse noch nicht erreicht seien. Solche Vermögenskonzentration sei nur möglich, weil es ein Privateigentum an Produktionsmitteln gebe, denn dieses führe immer zu Ausbeutung und Ungleichheit. Daher fordern die Sozialisten und Kommu-

---

13 Adam Smith, Theorie der ethischen Gefühle, 1. Teil, 3. Abschnitt, Kapitel 3

14 MEW 1: 385

nisten in der Marxschen Tradition die Abschaffung von Privateigentum an Produktionsmitteln und die kollektive Kontrolle über Vermögensressourcen.

Die mächtige Strömung des sozialistischen Denkens, in der sich politisches Programm, Geschichtsphilosophie und ökonomische Analyse vereinigten, und die zur geistigen Grundlage eines ganzen Staatenbundes wurde, hatte schon im 19. Jahrhundert Gegner, welche meist an Adam Smith anknüpften und eine streng wissenschaftliche Beschäftigung mit ökonomischen Fragen forderten. In diesen unterschiedlichen Schulen war der Vermögensbegriff naturgemäß anders und in vielerlei Hinsicht positiver als in der sozialistischen Ideenwelt.

Ich kann hier keine vollständige ideengeschichtliche Darstellung liefern und nur bei einigen Strömungen das Bild des Vermögens kurz beleuchten. Gegen den Sozialismus in seinen verschiedenen Spielarten wandte sich zum Beispiel die sogenannte **Österreichische Schule**, für die **Carl Menger** (1840-1921) als Gründungsgestalt genannt werden muss. Für den Vermögensbegriff interessant ist, dass in ihr eine Abwendung von der Arbeitswerttheorie stattfindet. So führt Menger aus:

> „Nicht weil ein Gut Arbeit gekostet hat, hat es Wert, sondern weil es Wert hat, wird dafür Arbeit aufgewendet."[15]

Subjektive Einschätzung von Gütern und individualistischer Zugang werden wichtig; Werte, die zum Vermögen gehören, können nur mit den Vorlieben und Präferenzen der entsprechenden Menschen beurteilt werden. Seine Gedanken und die Ansätze der Österreichischen Schule werden für die sogenannte ‚Neoklassik' wichtig, die sich mit Namen wie **Friedrich Wieser** (1851-1926) und **Eugen Böhm-Bawerk** (1851-1914) verbinden. Die theoretische Begründung ist außerdem mit den Namen **Léon Walras** (1834-1910) und **Alfred Marshall** (1842-1924) verbunden. Von der neoklassischen Schule, die in ihren Entwicklungslinien bis in die Gegenwart ausgezogen werden kann, gehen viele Einflüsse aus bis hin zu **Ludwig von Mises** (1881-1973) und **Friedrich-August von Hayek** (1899-1992), mit denen sich dann der Ausdruck ‚Neoliberalismus' verbindet.

In der **Neoklassik** jedenfalls wird Vermögen als Teil der Produktionsfaktoren gewertet und in die Nähe des Kapitals gerückt. Es ist Ergebnis der

15 Carl Menger, Grundsätze der Volkswirtschaftslehre, Düsseldorf (Wirtschaft und Finanzen) 1990, 5. Kapitel (‚Die Lehre vom Preis')

individuellen Nutzenmaximierung: Menschen treffen Entscheidungen zu ihrem Besten und bei klugem Verhalten im Rahmen der Marktverhältnisse entsteht ein Vermögensbestand.

Die Österreichische Schule und die ersten Vertreter der Neoklassik hatten ihren Gegenpart sowohl im Sozialismus als auch in Ansätzen wie der sogenannten **Historischen Schule der Nationalökonomie**, für die geschichtliche und kulturelle Einbettungen von größter Bedeutung waren. Während die ‚Österreicher' weniger empirisch als vielmehr anhand von theoretischen Modellen und abstrakten Ableitungen wirtschaftliche Prozesse beschrieben, ging die Historische oder auch Deutsche Schule der Nationalökonomie von konkreten historischen Situationen aus. Das Spezifische einer gegebenen kulturellen, geschichtlichen und politischen Situation sollte Ausgangspunkt für Beschreibungen sein. Das prägt auch das Verständnis vom Vermögen – hier ist weniger die individuelle Leistung im Fokus als vielmehr historische Rahmenbedingungen und soziologische Voraussetzungen. Da die Historische Schule meist für ein Eingreifen des Staates zugunsten sozialer Reformen plädierte, sieht sie eine übermäßige Vermögenskonzentration eher kritisch. Ihre große Stärke besteht in der Einbeziehung der soziologischen Fragestellungen und der geschichtlichen Analyse, während für die Österreichische Schule das mathematische Modellieren wesentlich ist. Dieser quasi-naturwissenschaftliche Theoriestrang hat in den letzten Jahrzehnten die ökonomische Forschung dominiert.

Für den Weg in die Gegenwart sollen noch zwei wesentliche Denker aufgeführt werden, ohne die meines Erachtens keine ökonomische Diskussion auskommt:

- Joseph Schumpeter (1883-1950) und
- John Maynard Keynes (1883-1946).

Joseph Schumpeter ist für die Formulierung von der ‚schöpferischen Zerstörung' bekannt, mit der er die Umwälzungs- und Neustrukturierungsprozesse in der kapitalistischen Wirtschaft beschrieb. Das prägt auch seinen Blick auf Vermögensbestände, die unter immer wieder neuen Rahmenbedingungen immer wieder neu erarbeitet werden müssen. Während Schumpeter die **Disruptionen** und unternehmerischen Dynamiken bei der Bildung und dem Einsatz von Vermögen betont, sind für **Keynes** die Investitionsmöglichkeiten am Aktienmarkt und die Erwartungen von Menschen im Zusammenspiel mit makroökonomischen Faktoren von Bedeutung. Da Keynes davon ausgeht, dass die Unsicherheitserwartungen hoch sind, formuliert er eine Regel der ‚Liquiditätspräferenz' – also den Gedanken, dass Menschen einen Teil ihres Vermögens vermutlich bevorzugt in liquiden Mitteln, oft sogar Bargeld, halten werden. Er berücksichtigt auch die Veränderung von Kauf- und Konsumverhalten durch Vermögenseffekte: selbst wer sich nur vermögend ‚fühlt' wird mehr Geld ausgeben. Und das ist nach Keynes keine schlechte Sache, da durch die Ausgaben volkswirtschaftliche Dynamiken unterstützt werden und in Krisenzeiten Sparen genau die falsche Antwort sein kann. Besonders hervorhebenswert ist bei seinen Theorien auch, dass, obwohl überzeugter Vertreter marktwirtschaftlicher Ordnungen, er staatliches Eingreifen durch zusätzliche Ausgaben für notwendig und sinnvoll hält – was besonders nach dem Zweiten Weltkrieg eine erhebliche Wirkung entfaltete.

Es wären nun noch viele aktuelle Entwicklungen anzuführen, tatsächlich gab es aber in der ökonomischen Forschung nur wenige grundsätzliche Paradigmenwechsel, da auch heterodoxe (also vom Mainstream abweichende Schulen und Lehrmeinungen) auf den genannten Schulen aufbauen und sie weiterentwickeln. Allerdings dürfen wir nicht vergessen, wie stark die Datenanalyse und empirische Beschreibung in den Vordergrund getreten ist. Moderne Ökonomen haben daher der Statistik und der informationsverarbeitenden Technik viel zu verdanken. Zwei Aspekte scheinen mir zusätzlich aber noch wichtig, die ich an zwei einflussreichen Denkrichtungen festmachen möchte. Zum einen ist das der Capability Approach, zum anderen das ganze Feld der Verhaltensökonomik.

Der **Capability Approach**, mit dem sich besonders die Namen **Amartya Sen** (geb. 1933) und **Martha Nussbaum** (geb. 1947) verbinden, stellt die Fähigkeiten und Entfaltungsmöglichkeiten von Menschen in den Mittelpunkt, die durchaus als Teil ihres Vermögens betrachtet werden. Wir können, so der Capability Approach, keine Aussage über Wohlstand und Vermögen in einer Gesellschaft treffen, ohne zu berücksichtigen, welche Lebenschancen Menschen von staatlicher, unternehmerischer und privater Seite haben. Finanzieller Reichtum kann bei diesem Ansatz niemals Ziel, sondern immer nur Mittel sein, um die eigentlichen vieldimensionalen Ziele zu erreichen, die einer Person für ein gutes Leben wichtig sind. Auch wenn wir einfach verstehen wollen, wie ‚reich' Gesellschaften sind, müssen wir vorher beschrieben haben, welche Potenziale der Menschen wie entwickelt worden sind. Das knüpft an verschiedene Stränge des Humankapital-Denkens an, erweitert diese aber hin zu einer handlungsanleitenden Wirtschafts- und

Sozialphilosophie, die nicht nur in der Entwicklungsökonomik von großer Bedeutung ist.

Mittlerweile als Teil der Mainstream-Ökonomik kann die verhaltensökonomische Schule verstanden werden. Der Preis der Schwedischen Reichsbank in Erinnerung an Alfred Nobel, der auch als ‚Nobelpreis für Wirtschaftswissenschaft' bezeichnet wird, zeigt das deutlich: so wurde beispielsweise 2002 **Daniel Kahneman** (1934-2024) zusammen mit **Vernon Smith** (geb. 1927) ausgezeichnet und 2017 **Richard Thaler** (geb. 1945). Alle sind wichtige Vertreter des ‚Behavioural Economics'-Ansatzes.

In diesem Ansatz werden auch nicht rationale Entscheidungen und Einstellungen gewürdigt. Es agiert kein rationaler Nutzenmaximierer im Sinne des klassischen ‚homo oeconomicus', sondern ein realer Mensch mit seinen entsprechenden Einseitigkeiten, Merkwürdigkeiten und psychischen Merkmalen. Vermögensentscheidungen sind nicht rein rational – Emotionen und soziale Vergleiche spielen eine Rolle. Vermögen wird subjektiv wahrgenommen – z. B. als Statussymbol oder Sicherheitsanker.

Ich konnte in diesem Kapitel nur einige Hinweise auf die geschichtlichen Aspekte geben – zum einen, was die realgeschichtliche Entwicklung von Vermögenswerten betrifft, zum anderen, was deren Reflektion durch die verschiedenen Wirtschaftsdenker angeht. Nach dem kurzen Überblick über die verschiedenen Angänge in den ökonomischen Theorien soll im nächsten Kapitel die Nutzanwendung in der Beschreibung von Vermögen aus ökonomischer Sicht gezogen werden, wobei die verschiedenen Theoriestränge natürlich wieder eine Rolle spielen werden.

4 Ökonomik: das Vermögen von Staaten, Firmen und Menschen

In Wirtschaftssystemen kommen individuelle Entscheidungen und private Orientierungen so zusammen, dass allgemeine Strukturen des Austauschs entstehen. Wenn wir von der Hauswirtschaft des Aristoteles ausgehen wollen: der einzelne Haushalt agiert und interagiert in einem großen Netz des Gebens und Nehmens. Viele besondere Einzelentscheidungen bilden in ihrem Zusammenwirken Strukturen, Institutionen, soziale Zusammenhänge. Viele einzelne Beteiligte weben zusammen ein großes Gewebe mit Mustern der verschiedensten Art. Am Beispiel des Marktes ist das oft beschrieben worden, besonders durch den schon erwähnten Ahnherrn der modernen ökonomischen Forschung, Adam Smith.

Jeder Markt ist gekennzeichnet durch die Entscheidungen Einzelner, durch immer neue Varianten des Aufeinandertreffens von Angebot und Nachfrage, von Produktion und Konsum. Das Geflecht dieser Entscheidungen ergibt irgendwann ein dichteres Gewebe der Interaktionen, das eine neue Objektivität bekommt und durch soziale Regeln, gesetzliche Regelungen, aber auch moralische Orientierungen (was gerade Adam Smith sehr wichtig war) Stabilität und Dauer sowie sozialen Zusammenhalt ermöglicht. Selbstorganisation kann man das nennen oder Emergenz. Das gilt auch und besonders für die Entstehungsbedingungen des Vermögens.

Wir haben in Kapitel 2 kurz angesehen, welche möglichen Definitionen von Vermögen es gibt, um dann in Kapitel 3 einen geschichtlichen Abriss zu geben, der die verschiedensten Formen des Vermögens und seiner Beschreibungen aufführte. Nun wollen wir den besonderen wirtschaftlichen Charakter des Vermögens auf mehreren Ebenen erklären. Vermögen kann in diversen Formen auftreten, je nach Besitzer und Zweck, nach Form und Kontext. Zu unterscheiden sind die Vermögenswerte

- von Einzelnen,
- von Gemeinschaften,
- von Firmen, Institutionen und Staaten,
- aber auch von überstaatlichen Organisationen und Netzwerken.

In diesem Kapitel sehen wir uns an, welche Arten von Vermögen es bei den einzelnen Menschen mit ihren Entscheidungen gibt und welche Arten von jeweiligem individuellem Vermögen in Institutionen und Netzwerken stecken. Von dort aus verfolgen wir den Weg der Vermögensströme in Staaten und über sie hinaus. Um

- Privatvermögen,
- Betriebsvermögen und
- staatliches Vermögen

geht es also sowie deren Zusammenhang, national und international.

Das Vermögen steht bei individuellem Besitz ebenso wie bei Betriebs- oder Organisationsvermögen immer im Bezug zu den Zwecken: Eine Firma hat Vermögen, um den Firmenzweck zu erreichen, ein einzelnes Individuum, damit die Ziele erreicht werden, die es sich setzt.

Hieraus ergeben sich für eine ökonomische Darstellung mindestens drei strukturierende Fragen:

1. Wie messen wir Vermögen?
2. Wie bestimmen und wie beschreiben wir die Zwecke, für die Vermögen verwendet wird?
3. Wie verhalten sich die verschiedenen Formen des Vermögens zueinander?

4.1 Vermögen messen

Bei der Behandlung der ersten Frage wird es bereits herausfordernd: Wenn wir uns ernsthaft und systematisch mit dem Messen von wirtschaftlichen Größen beschäftigen, dann können wir leicht in philosophische Untiefen geraten. Wirtschaftswissenschaft ist eben mehr als nur eine Messtechnik oder eine Form angewandter Mathematik. Für viele Aspekte der Ökonomie gibt es Definitionen und Gegendefinitionen, statistische Annäherungen, Unwägbarkeiten und Vermutungen. Es ist, als würden wir in einem großen Ozean schwimmen und mit einem Metermaß seine Dimensionen bestimmen wollen – wobei das Metermaß noch aus Pappe ist, aufweicht und dauernd seine Form verändert.

Die Fragen wollen nicht enden:

- Welchen Maßstab wählen wir?
- Wie stellen wir die Verbindlichkeit dieses Maßstabs fest?

- In welchem Zeitraum oder sonstigen Kontext können wir welche Dynamiken beschreiben?
- Welche Währung gilt und wie definieren wir, wie diese Währung in ihrer Kaufkraft und ihrer Beziehung zu anderen Währungen gefasst werden kann?
- Welchen Preisfindungsmechanismus setzen wir voraus?
- Bestimmen Waren den Wert des Geldes oder bestimmt Geld den Wert der Waren?

Und so weiter und so fort... Wie schwierig die Wohlstands- und Vermögensberechnungen für die Wirtschaftswissenschaften sein können, das zeigt schon der Stoßseufzer der Ökonomin **Joan V. Robinson** (1903-1983):

> „Economics is the scientific study of wealth, and yet we cannot measure wealth".[16]

Besonders interessant ist die Frage der **Inflation**. Diese Entwertungsdynamik ist vielen Menschen ein Geheimnis.

- Wie kann es eigentlich sein, dass wir das Gefühl haben, dass Geld automatisch immer weniger wert ist?
- Warum können wir heute mit der gleichen Summe weniger kaufen als noch vor einem Monat?
- Wie stellen wir die Kaufkraft des Geldes zu einem bestimmten Zeitpunkt fest?

Dazu versuchen wir anhand von bestimmten Preisvergleichen, Warenklassen oder einer Gruppe (einem ‚Warenkorb') zu beschreiben, welche Summe welche Waren kaufen kann. Bei steigenden Preisen verringert sich die Kaufkraft: ich kann weniger für die gleiche Summe kaufen bzw. muss mehr Geld aufwenden, um die gleiche Ware zu erwerben. Und die Veränderung des Preisniveaus gilt natürlich für Vermögensbestände auch: wenn ich Bargeld besitze, dann ist eigentlich nicht die nominelle Summe entscheidend, sondern die Kaufkraft. Sonst gebe ich mich der sogenannten ‚Geldillusion' hin – ich achte dann nur auf den nominalen Wert, aber nicht darauf, was ich mit diesem Wert konkret anfangen kann. Und das kann sehr tückisch sein – wie Menschen in inflationären Zeiten schon bitter erfahren mussten. Denn: kein Wert ist statisch!

16 Joan V. Robinson, The Accumulation of Capital, London (MacMillan, St. Martins Press) 1958

Aber wir wollen es hier nicht zu kompliziert machen. Gehen wir einmal davon aus, dass in einem gegebenen System, z. B. der Bundesrepublik Deutschland des Jahres 2025, finanzielle Vermögenswerte beschrieben werden sollen und dass die Maßeinheit „Euro“ in diesem vordefinierten Rahmen Aussagekraft hat, weil mit Hilfe eines Warenkorbs ihr Wert und ihre Kaufkraft verhältnismäßig eindeutig bestimmt werden können. Und gehen wir weiterhin von einer nicht zu stark fluktuierenden Kaufkraft aus.

In einem auf diese Weise konkret definierten Wirtschaftszusammenhang können wir folgende Vermögensformen fassen:

- **Materielle Vermögenswerte**:
  Das sind physische Gegenstände wie Immobilien, Autos, Schmuck, Kunstwerke, Maschinen und andere greifbare Güter.
- **Finanzielle Vermögenswerte**:
  Hierzu gehören Bargeldbestände, Bankguthaben, Aktien, Anleihen, Investmentfonds, Versicherungen und andere finanzielle Wertanlagen.
- **Immaterielle Vermögenswerte**:
  Dazu zählen Markenrechte, Patente, Lizenzrechte, geistiges Eigentum und Goodwill, also Reputation.

Nicht vergessen dürfen wir die Einbeziehung der **Schulden**:

Um das **Nettovermögen** zu berechnen, müssen Schulden wie Kredite, Hypotheken und andere Verbindlichkeiten vom Gesamtvermögen abgezogen werden. Die grundlegende Formel lautet also: **Vermögenswerte minus Verbindlichkeiten gleich Nettovermögen.**

Die genaue Methode der Bewertung kann dann je nach Kontext (persönlich, geschäftlich, steuerlich) variieren. Allen Bewertungsformen ist beim Vermögen aber gemeinsam, dass sie nicht nur den Ist-Zustand, sondern auch den Raum der Entwicklungsmöglichkeiten darstellen sollten. Wir hatten schon ausgeführt, dass beim Vermögen die Potentialität wichtig ist, also dass und wie wir etwas daraus machen oder damit bewirken können:

Der gegenwärtige Wert eines Vermögens sollte also auch auf die zukünftigen Verdienstmöglichkeiten bezogen sein.

Als Marktwert wird daher auch gerne nicht nur der Bestand der Gegenwart, sondern auch die Gesamtheit der künftigen Zahlungsströme, der cashflow, angegeben. In welchen Zahlenräumen mit welchen Dimensionen bewegen wir uns denn dabei heute?

Wieviel Vermögen haben die Deutschen?
Einige Zahlen zur Vermögensbildung: Für das Jahr 2024 können wir in Deutschland von einem Nominalvermögen von rd. 9.004 Milliarden Euro ausgehen. Diese Angabe beruht auf der Statistik der Deutschen Bundesbank. „Nominalvermögen" ist deshalb wichtig, weil das Realvermögen, gemessen an der Kaufkraft, davon natürlich abweichen kann. So ist zwar die nominale Summe des Vermögens in Deutschland auf einen neuen Höchstwert geklettert, durch die relativ hohe Inflation ergab sich aber ein faktischer Kaufkraftverlust. Es fühlte sich nach mehr an, war aber tatsächlich weniger... Für das Vermögen pro Kopf werden verschiedene Werte angegeben, deren Unterschiede sehr interessant sind. Teilen wir einfach den Gesamtwert durch die Zahl der Einwohner, dann landen wir für Erwachsene bei ungefähr 230.000 Euro pro Kopf. Das ist aber ein Wert, der durch einige wenige große Vermögen nach oben verzerrt wird. Realistischer ist das sogenannte Medianvermögen. Um sich dieses zu verdeutlichen, stellen wir einfach alle Bundesbürger in einer Reihe auf und ordnen sie nach ihrem Vermögen – links die ganz Armen, rechts die ganz Reichen. Nun suchen wir in dieser Reihe die exakte geometrische Mitte und erhalten so das Medianvermögen, das Vermögen der Person, die genau den Mittelwert markiert. Jetzt ist die Hälfte der Deutschen reicher und die andere Hälfte ärmer und wir haben ein verzerrtes Bild vermieden. Nun hat ein Mensch in Deutschland durchschnittlich noch 60.400 Euro. Das wird vielleicht manchen aufatmen lassen... Interessant ist noch, dass immerhin ein Fünftel der Bevölkerung, rund 20 %, gar kein Vermögen oder sogar Schulden besitzt.

In der aktuellen Vermögensverteilung sehen wir also, dass es erhebliche Unterschiede gibt, sogar in einem Land wie Deutschland, das sich selbst meist als ‚Mittelschichtsgesellschaft' sieht und tatsächlich eine über die Jahrzehnte erstaunlich stabile Mittelschicht besitzt. Aber die Unterschiede bei den Einkommen und der Vermögensbildung sind da – und sie haben Auswirkungen auf die Mitwirkungsmöglichkeiten der Menschen und ihr Potenzial. Auf diese Auswirkungen sollen wir einen Blick werfen.

4.2 Zwecke von Vermögen

Es geht also immer auch um die **Wirkungen des Vermögens**, es soll wirksam sein und wir sollen diese Wirksamkeit beschreiben können. Aber unter welchen Bedingungen ist Vermögen eigentlich wirksam? Hier hilft uns ein philosophischer Blick auf die Wirtschaftsfragen. Dazu ist ein kleiner Exkurs über Begriffsverwendung und sprachliche Klarheit nötig. Es ist oft gefährlich, wenn die Voraussetzungen dessen, was man denkt oder sagt, nicht eigens reflektiert werden.

- Warum benutze ich nun gerade dieses spezielle Wort – und nicht ein anderes?
- Was genau meine ich denn mit diesem Wort?
- Was will ich erreichen, indem ich dieses Wort verwende?

Je weniger ich mir solche Gedanken mache, umso mehr komme ich in die Gefahr, nicht sachlich und um Objektivität bemüht zu sprechen, sondern individuelle Meinungen zu verkünden oder Ideologien zu verbreiten, die einem bestimmten Zweck dienen. Die Gefahr ist besonders groß, wenn wichtige und bedeutend klingende Wörter verwendet werden, mit denen viele Menschen etwas verbinden. Mit Begriffen wie „Freiheit", „Gerechtigkeit", „Wahrheit" oder „Menschheit" wird besonders gerne Schindluder getrieben.

Daher sollten wir immer genau fragen, was hinter den Wörtern steht und wozu sie verwendet werden.

So ist zum Beispiel interessant, dass ganz Unterschiedliches gemeint ist, wenn Menschen selbst als Teil des Vermögens betrachtet werden bzw. wenn menschliche Eigenschaften (bei sich oder bei anderen) Vermögenswerte darstellen. Als „Humankapital" oder „Humanvermögen" wird das dann bezeichnet, wobei „Humankapital" im Deutschen eher problematisch ist und widerspiegelt, wie im englischen Sprachraum die entsprechenden Potenziale gefasst werden. Vor den ‚*false friends*' des Englischen sollten wir uns hüten: „*human capital*" ist doch ein bisschen anders gedacht und kommt sehr viel neutraler daher als „Humankapital". Im Sinne einer direkten Verwertbarkeit, einer Monetarisierung bzw. einer Verrechnung liegt ‚*human capital*' näher am klassischen Vermögensbegriff als ‚Humankapital'. Wir können überhaupt diskutieren, ob und in welcher Weise Humankapital als Vermögen bezeichnet werden kann. Wie liquide ist denn das, was da an Wert vorliegt? Was davon lässt sich quantifizieren? ‚Besitzen' wir wirklich etwas in dem Sinne, in dem wir Juwelen oder Briefmarken besitzen? Wer streicht die Rendite dieses Kapitals ein und wie handelbar ist es? Ist Vermögen, das nicht übertragen werden kann, denn überhaupt Vermögen?

Nun ist aber wohl unstrittig, dass Menschen nicht nur Vermögen haben, sie *sind* auch Vermögen. Das gilt nicht nur für die Welt der Sklavenökonomie. Wenn wir dies akzeptieren und die verschiedenen Aspekte dieses Vermögens beschreiben können, dann kommen wir zum Begriff des Humanvermögens. Das können wir von den individuellen Eigenschaften und Fähigkeiten des Individuums her denken: wir sind selbst unser wichtigster Vermögensteil – weil wir zum Beispiel fleißig sind, mit Menschen umgehen können, Aufgaben lösen, eine schöne Singstimme haben, schwere Lasten heben können und vieles mehr. Manchmal ist auch die Kompetenz im Bereich der Bedienung der Kaffeemaschine zentral. Unsere Fähigkeiten sind eben unser Vermögen. Und außerdem ist der Begriff „Humanvermögen" noch sinnvoll verwendbar, um die Anteile eines Betriebsvermögens zu fassen, die auf den Menschen und ihren Fähigkeiten basieren.

Menschen sind ein wesentlicher Faktor, der hilft, den Betriebszweck zu erfüllen. Neben den Maschinen und Patenten, neben finanziellen und organisatorischen Voraussetzungen benötigt jede Firma die Eigenschaften ihrer Mitarbeiterinnen und Mitarbeiter. Pflege und Entwicklung dieser Wertschöpfungsquelle ist das Human Resources Management (HRM). Und natürlich sind die Menschen mit ihren Fähigkeiten auch ein wichtiger Vermögensteil des staatlichen Vermögens – deswegen sind Investitionen in Aus-, Fort- und Weiterbildung ja so wichtig und deswegen steigern Schulen und Universitäten die Produktivität eines Landes.

Die Fragen, die sich an dieser Stelle ergeben, beziehen sich vor allem auf die Quantifizierbarkeit des Humanvermögens und auf die Gefahr der Reduktion von Menschen auf das mit ihnen verbundene Humanvermögen. Aber wenn wir diese Fragen im Kopf behalten, dann können wir uns dem wichtigen Aspekt von Vermögensbeschreibung annähern und auch die Faktoren verstehen, die uns ermöglichen, bestimmte Aspekte von Humanvermögen aufzubauen. Es ergibt eben zum Beispiel durchaus Sinn, das Schulwesen und alle Formen von Bildung als eine Grundlage der Bildung von Humanvermögen zu verstehen. Das gilt für die persönliche Ebene unserer Bildungsbiografie, für die Entwicklung der Potenziale in einem Unternehmen, aber auch für die staatliche Förderung des Humanvermögens. Die gut ausgebildeten Arbeitskräfte sind eine wesentliche Grundlage des staatlichen Vermögens.

Es gibt zahlreiche Versuche, dieses Humanvermögen mit Kompetenzen und Fähigkeiten, aber auch mit Sinn-Orientierungen, Motivationen und Überzeugungen, ja religiösen und anderen Formen der Selbstdefinition zu verbinden. So wurde auch von „Vitalvermögen" gesprochen, um die gesamte Sphäre menschlicher Vermögensgrundlagen anzuzeigen:

> „Unter Umständen ist es sogar noch wichtiger, daß die Menschen eine Weltanschauung haben, die der Bereitschaft zur Akzeptanz und aktiven Durchsetzung sozialen, wirtschaftlichen und technischen Wandels zuträglich ist. Um die Bedeutung solcher Motivstrukturen oder Lebensphilosophien, die die Denkmuster der Menschen prägen, für das Handlungsvermögen besonders hervorzuheben, wird diese Komponente des Humanvermögens, die sich nicht im Arbeitsvermögen erschöpft, eigens als *Vitalvermögen* bezeichnet."[17]

Wenn wir so den Blick weiten und von der einzelnen Person zur Unternehmung und zum Staat weitergehen, dann können wir natürlich auch für diesen eine Vermögensaufstellung machen, in der das Humanvermögen eine wichtige Rolle spielt. Staatliches Vermögen wird gerne griffig mit dem Bruttoinlandsprodukt (BIP) verbunden, wobei wir aber immer berücksichtigen müssen, dass das BIP eine Stromgröße ist, also den Wert über einen gewissen Zeitraum misst. Vermögen hingegen ist eine Bestandsgröße, die zu einem bestimmten Zeitpunkt gemessen wird.

Das **BIP** enthält alle in einem bestimmten Zeitraum (meist ein Jahr) innerhalb einer nationalen Wirtschaft erzeugten Waren und Dienstleistungen.

Seine Aussagekraft hängt davon ab, welche Faktoren in die Rechnung eingehen, welche Art von Quantifizierung stattfindet und ob auch Dimensionen der Nachhaltigkeit und der Lebensqualität berücksichtigt werden. Auch hier können wir schnell feststellen, dass das Vermögen nicht nur durch Geld gemessen werden kann.

17 Georges Enderle u. a. (Hrsg.), Lexikon der Wirtschaftsethik, Freiburg i.Brsg. (Herder) 1993, Sp.1215

4.3 Beziehungen zwischen Vermögensformen

Das ist wichtig für den Zusammenhang zwischen BIP und Vermögen. Das BIP wird für seine einseitige Orientierung an finanziellen Messgrößen kritisiert. Auch vollkommen sinnlose Konsum- oder sogar Zerstörungsprozesse können sich in seiner Gesamtrechnung positiv auswirken, wenn beispielsweise der Intensivraucher nicht nur mit seinen Zigarettenkäufen das Bruttoinlandsprodukt steigert, sondern seine Krankenhausbehandlung wegen Lungenkrebs neue Zahlungsströme schafft und Arbeitsplätze in der Pflege finanziert. Wir sollten also genau aufpassen, wie die Stromgröße BIP zu welchem Zeitpunkt in welcher Weise zur Bestandsgröße Vermögen beiträgt.

Schon in dem Artikel „Vermögen" im Nachschlagewerk ‚Meyers großes Konversationslexion" von 1908 lesen wir über diese Zusammenhänge:

> „In der Volkswirtschaftslehre wird oft der Begriff Vermögen in der gleichen Weise definiert wie in der Rechtslehre, dabei spricht man aber auch von Volks- (National-) und Weltvermögen, indem man nur einen gewissen Vorrat von Gütern ins Auge faßt. Das Vermögen ist die Grundlage selbständiger wirtschaftlicher Existenz und ist ein wichtiger Faktor für Stärkung des Kredits und für fortschreitende Individualisierung. Die Ermittelung des jeweiligen Vermögensstandes und seiner Änderungen hat für die Privat- wie für die Volkswirtschaft ein großes Interesse, indem sie über den Erfolg wirtschaftlicher Maßregeln Aufschluss gibt. Die Messung des einer einzelnen Privatperson gehörigen Vermögens ist verhältnismäßig leicht auszuführen, schwierig oder geradezu unmöglich aber ist eine genau Bezifferung des gesamten Volksvermögens, d. h. aller derjenigen Gegenstände, die Angehörigen eines Volkes (mit Einschluß aller juristischen Personen) zur Verfügung stehen, mit Berücksichtigung der Forderungsrechte und Schulden an fremde Nationen. Abgesehen von dem Mangel einer zuverlässigen Statistik, enthält das Volksvermögen eine Menge sehr wertvoller Elemente, die in Geld nicht wohl taxierbar sind (Häfen, Mineralquellen, naturfreie Güter usw.)."

Wir sehen auch hier, dass wir aus verschiedenen Gründen nicht einfach alle finanziellen Mittel dem Vermögen eines Landes zurechnen können, da der finanzielle Status und die Formen der Wirksamkeit jeweils sehr unterschiedlich sind. Außerdem sind die Privatvermögen ja auch ganz oder teilweise dem staatlichen Zugriff entzogen. Welches Vermögen können wir in die staatliche Gesamtrechnung einfließen lassen und wie wirken sich staatliche Maßnahmen auf persönliche Vermögenstatbestände aus? Ist die Staatsverschuldung ‚unsere' Verschuldung?

Alan Greenspan (geb. 1926), der von 1987 bis 2006 die US-amerikanische Zentralbank leitete, wird zum Beispiel die Aussage zugeschrieben:

> „Die Staatsschulden sind nur ein anderes Wort für heimliche Konfiszierung von Vermögen."

Eine weitere Dimension öffnet sich hier mit dem Begriff des **Sozialvermögens**. Darunter verstehen wir vor allem Eigenschaften und Kompetenzen, die in sozialen Zusammenhängen nützlich sind, auch Aspekte dessen, was wir ‚soziale Intelligenz' nennen, fallen darunter. Es geht also weniger um materielle Vermögenswerte, die für soziale Zwecke verwendet werden. Bei solchen würden wir eher von Sozialinvestitionen sprechen – aber auch das ist umstritten, da bei vielen Teilen des Sozialstaats diskutiert wird, was als Konsum und was als Investition gefasst werden kann.

Zum kollektiven und individuellen Vermögen gibt es eine reichhaltige Literatur und sehr viele verschiedene methodische Annäherungen. Wir haben hier unterschiedliche Auffassungen angesprochen und versuchen dadurch, zum einen das Vermögen in der Hand des Staates oder Volksvermögen mit Vermögensbildungsprozessen zusammenzubringen und so alle Arten des Vermögens auf der ganzen Skala zu erfassen. Es soll also auch ein Überblick geboten werden, wie Vermögen fließt: vom Individuum zum Betrieb, zum Staat – und umgekehrt.

Der Begriff „Vermögen" wird in der Ökonomik aus unterschiedlichen theoretischen Perspektiven betrachtet – je nachdem, ob man ihn als individuelle Ressource, als gesellschaftliches Machtmittel oder als makroökonomischen Faktor versteht.

Man kann jedenfalls nicht allein und nur für sich Vermögen haben, da Vermögen immer sozial, kulturell, juristisch und politisch ‚eingebettet' ist. Es hilft uns zum besseren Verständnis dieser Zusammenhänge, wenn wir Staaten mit schwachen Institutionen und schwachen sozialen Bindungen vergleichen mit solchen, die sehr starke Institutionalisierungen und Bindungen haben. Immer wieder zeigt sich, dass Staaten mit verlässlichen Institutionen und Beteiligungsformen die Vermögensbildung erleichtern.[18] **Verlässlichkeit** und **Vertrauen** sind hier wesentlich – solche ‚weichen'

---

18 Daron Acemoglu / James E. Robinson, Warum Nationen scheitern. Die Ursprünge von Macht, Wohlstand und Armut, Frankfurt a. M. (Fischer Taschenbuch Verlag) 2014[10]

Faktoren können durch die sozialen und kulturellen Voraussetzungen gestärkt werden. Das ergibt, entgegen populistischen Behauptungen, einen klaren Standortvorteil für demokratische Staaten mit einem verlässlichen Rechtssystem. Vermögen basiert auf Vertrauen – in komplett unsicheren Verhältnissen, wenn alle einander misstrauen, ist Vermögensbildung schwerer.

Dieses Vertrauen muss in Staaten bestehen, wenn wir sie von außen betrachten – aber es muss auch innerhalb der Staaten selbst bestehen. Die eine Form des Vertrauens können wir messen, indem wir feststellen, in welchen Staaten Investoren von außen investieren würden.

> Für das Jahr 2025 gibt es eine solche Zusammenstellung, den sogenannten **Foreign Direct Investment Confidence Index** von Kearney,[19] der auf einer Umfrage unter Führungskräften von global agierenden Unternehmen basiert. Er wird als gewichteter Durchschnitt der Anzahl der hohen, mittleren und niedrigen Antworten auf die Frage nach der Wahrscheinlichkeit, in den kommenden drei Jahren eine Direktinvestition in dem jeweiligen Land zu tätigen, berechnet. Auf dem ersten Platz stehen die USA, dann folgen Kanada, Japan, Großbritannien und Deutschland, danach China, Frankreich und Italien.

Vertrauen hängt eng zusammen mit den gesellschaftlichen Bindungen, mit dem Zusammenhalt, der sozialen Kohärenz und Kompetenz in Gruppen, formell wie informell. Das Vertrauen *innerhalb* der Staaten, die Bedeutung all der genannten gesellschaftlichen Faktoren sowie deren Zusammenhang mit wirtschaftlicher Entwicklung zeigt Abbildung 1 auf der nächsten Seite.

19 www.kearney.com (zuletzt abgerufen am 3.11.25)

Sozialer Zusammenhalt und Wohlstand in der EU

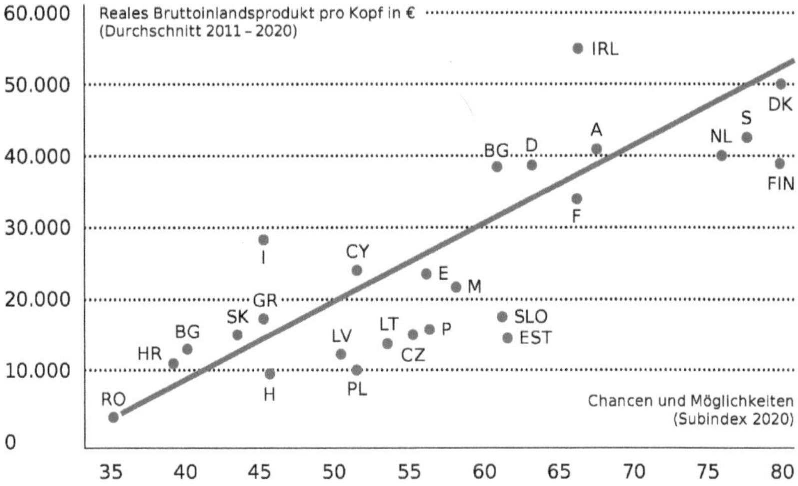

(Grafik: lindemanns-web.de, nach: Nils Goldschmidt / Arnd Küppers, Ökonomie der Versöhnung. Wirtschaftlicher Erfolg und sozialer Zusammenhalt gehören zusammen, in Impulse, Roman Herzog Institut 2023; Quellen dort: Weltbank; Europäische Kommision; eigene Berechnungen)

Abb. 1: Wirtschaftlicher Erfolg und gesellschaftlicher Zusammenhalt

Wir sehen, dass Wohlstand und Vermögen von Faktoren abhängen, die einen weiteren Blick der ökonomischen Wissenschaft erfordern. Deswegen können wir von ‚Behavioural Finance' oder den Ansätzen der Institutionenökonomie[20] noch einige interessante Ergebnisse erwarten.

Es ist eben wichtig, die politischen und sozialen Rahmenbedingungen ernst zu nehmen:

- Welche Auswirkungen haben bestimmte sozialstaatliche Förderungen der Vermögensbildung?

20 Die Institutionenökonomik untersucht politische, kulturelle und soziale Rahmenbedingungen für wirtschaftliche Vorgänge. ‚Institutionen' sind dabei mehr als öffentliche Einrichtungen, sondern v. a. auch wiederkehrende Rituale und Praktiken im Sinne von Lösungen wiederkehrender Probleme. Mehr dazu in der lesenswerten Einführung in das institutionenökonomische Denken von Elisabeth Göbel, Neue Institutionenökonomik. Grundlagen, Ansätze und Kritik, Stuttgart (utb) 2021.

- Was sind die rechtlichen Grundlagen, die politischen Initiativen, die soziologischen Auswirkungen?

In der Bundesrepublik war die Vermögensbildung immer ein Ziel, das von den meisten politischen Kräften unterstützt wurde. Arbeitnehmersparzulagen, Wohnungsbauprämien, Altersvorsorge-Programme – mit solchen Maßnahmen sollte vor allem unter der Überschrift ‚Vermögensbildung in Arbeitnehmerhand' im unteren und mittleren Einkommensbereich die finanzielle Lage breiter Schichten verbessert werden. Im katholischen Bereich hat der berühmte Sozialethiker Oswald von Nell-Breuning (1890-1991) dies mit zahlreichen konkreten Vorschlägen unterstützt. So forderte er einen Investivlohn, bei dem ein Teil des Lohns aus Firmenanteilen bestehen sollte. Und so gab es immer wieder Versuche, die Vermögensbildung zu unterstützen. Im nächsten Kapitel wollen wir ganz konkret ansehen, wie sich dieser Vermögensaufbau im eigenen Leben praktizieren lässt.

5 Aufbau von Vermögen: Wege zu Wissen und Wohlstand

Vermögensaufbau beruht auf vielen Voraussetzungen. Nicht alle können wir hier behandeln, aber es ist doch wichtig, einmal darauf hinzuweisen, dass sowohl wertvolle wirtschaftliche Güter wie auch Besitzrechte und ein entsprechendes Rechtssystem die Grundlage dafür sind, dass wir uns als vermögende Personen bezeichnen dürfen. Vermögend können wir nicht in Isolation und Abgeschlossenheit sein. Das ergibt sich schon daraus, dass ja irgendjemand unser Vermögen als Vermögen anerkennen muss. Außerdem brauchen wir Einrichtungen und Regeln, durch die unsere Besitz- und Nutzungsrechte geschützt werden, auch auf Inseln oder im Dschungel.

Wir sollten uns also nicht in Vorstellungen hineinsteigern, die voraussetzen, dass alles gut wäre, wenn wir nicht dauernd von anderen Menschen mit ihren Ansprüchen oder gar vom Staat belästigt würden. Die gesellschaftlichen Voraussetzungen, gerade auch das Steuersystem und die ökonomische sowie juristische Regelsetzung, gehören zum Vermögen. Ganz allein reich zu sein, das kann nicht nur sehr frustrierend sein, sondern ist oft einfach unmöglich.

Die individuellen, psychologischen, strukturellen, organisatorischen und anderen Voraussetzungen der Vermögensbildung zu erkennen und zu nutzen, das ist Teil der Kompetenz, die als „**Financial Literacy**“ bezeichnet wird. Die OECD definiert „Financial Literacy“ als eine Kombination von „financial awareness, knowledge, skills, attitudes and behaviours necessary to make sound financial decision and ultimately achieve financial well-being“.[21] Es geht also um ein Bewusstsein, um Wissen, Fähigkeiten, Haltungen und Verhaltensweisen, die dazu dienen sollen, kluge finanzielle Entscheidungen zu treffen und schließlich zu einem Wohlbefinden in finanziellen Dingen führen sollen.

All das werden wir jetzt bei Ihnen, liebe Leserinnen und Leser, steigern. Als erstes wollen wir uns mit Ihrem Konto beschäftigen. Wir gehen davon aus, dass Sie dieses Buch auch deshalb lesen, weil Sie sich freuen, wenn Sie finanziell unabhängig sind, sich keine materiellen Sorgen machen müssen und für Krisen jedweder Art vorbereitet sind. Kurz: Es würde Sie nicht

---

21 OECD 2022

stören, ein wenig Vermögen aufzubauen. Was sind dafür die wesentlichen Voraussetzungen?

Zunächst einmal sollten Sie sich klar machen, dass Vermögensaufbau nicht auf einigen wenigen spontanen Entscheidungen oder Glücksfällen beruht, sondern normalerweise Ergebnis einer langfristigen Strategie ist. Wenn Sie ein Mindestmaß an Geduld und Umsicht mitbringen, dann gilt: Reichtum kann planbar werden. Das bedeutet allerdings nicht, dass jeder Mensch die gleiche Möglichkeit hat, reich zu werden. Es gibt Begrenzungen und Zwänge, die sich nicht ignorieren lassen: jemand kann psychisch oder physisch zu krank sein, um bestimmte berufliche Herausforderungen zu bestehen, es gibt unterschiedliche Startchancen, Behinderungen und Handicaps, die wirtschaftlichen Verhältnisse können sich ändern usw.

Und dennoch gilt für einen großen Teil der Bevölkerung in den Industriestaaten: Du kannst Vermögen bilden – nicht im Sinne eines Krösus, aber so, dass Dein Leben leichter wird. Und es wäre schön, wenn diejenigen, die das leisten, dann auch jene nicht vergessen, die das nicht leisten können.

Für die angesprochene Gruppe gilt: Wir benötigen für das Bilden eines Vermögens vor allem drei Elemente: ein strategisches Gesamtverständnis, eine gewisse Fähigkeit, Risiken zu managen, und solides Wissen über die unterschiedlichen Anlageformen.

Diese drei Elemente gehen wir nun gemeinsam durch:

- Strategie
- Risikomanagement
- Anlageformen

5.1 Strategie

Ein strategisches Verständnis für Vermögensbildung nimmt zeitliche Verläufe und die Kombination verschiedenster Maßnahmen in den Blick. Die Strategie beim Vermögensaufbau zeichnet ein Gesamtbild mit den mittel- und langfristigen Hauptentwicklungszielen, in dem die verschiedenen gegebenen Elemente eines Lebens berücksichtigt sind. Was will ich erreichen und wie müssen die verschiedenen Faktoren meines Lebens zusammenwirken, damit das geleistet wird? Vor allem beruht der strategische Ansatz in der Vermögensbildung auf dem richtigen Einsatz

- des **Sparens**,

- des **Anlegens** und
- des **Investierens**.

Das sind drei Stufen auf der Treppe zum Vermögen – wenn es mehr ist als nur schnelle Anhäufung von Werten.

Aber einen wichtigen Vorbereitungsschritt sollten Sie nicht vergessen. Zunächst müssen Sie Ihre Schulden loswerden. Schulden sind nämlich teuer! Niemand leiht Ihnen Geld einfach so – wenn Sie also irgendwo „in der Kreide" stehen, dann verursacht das permanente Kosten, vor allem durch Zinszahlungen. Befreien Sie sich von diesen Verpflichtungen und räumen Sie auf. Besonders tückisch sind Konsumentenkredite, die oft außerordentlich ungünstige Konditionen haben, Kreditkartenschulden oder Überziehungskredite, die Ihnen von Ihrem kontoführenden Institut „großzügig" eingeräumt werden.

Fangen wir mit dem letzten an: Wenn Sie mit Ihrem Girokonto ins Minus rutschen, dann gibt Ihnen die Bank meist einen Dispositionskredit oder kurz Dispo. Für diesen fallen hohe Zinsen an – was Sie dann nach einer Weile schmerzhaft merken.

> Der Zeitschrift „Finanztest" (März 2024) zufolge beträgt der Dispozins der Banken durchschnittlich 12 Prozent im Jahr. 12 Prozent!

Das kann und soll sich niemand leisten. Die erste Aufgabe ist also: ohne den Dispo auskommen, das Konto immer ausgeglichen halten und mit der Bank vereinbaren, dass der Dispo auf keinen Fall höher als ein Monatseinkommen sein darf. Wenn sich hartnäckig immer wieder Schulden bilden und der Dispo genutzt wird: Alle Ausgaben prüfen und für die Übergangszeit lieber einen Kredit aufnehmen, mit dem die Dispo-Verpflichtung zurückgezahlt wird. Denn fast jeder andere Kredit ist günstiger als der Dispo-Kredit. Seien Sie ehrlich mit sich und lügen Sie sich nicht mit Hilfe des Dispo selbst in die Tasche. Es ist besser, Sie merken, ab wann kein Geld mehr da ist, als Sie wiegen sich in einer falschen Sicherheit.

Das gilt genauso für Kreditkartenschulden: auch hier bauen sich im Hintergrund Verpflichtungen auf, über die Sie irgendwann den Überblick verlieren. Und auch hier wird die Bequemlichkeit teuer bezahlt: Bis zu 20 % Zinsen fallen an.

Das ist also die zweite Aufgabe: Kontrollieren Sie genau, wann Sie überhaupt Kreditkarten benötigen und lassen Sie sich möglichst nichts aufschwatzen, was Sie nicht unbedingt brauchen. Meist kommen wir mit einer oder höchstens zwei Kreditkarten gut durchs Leben. Entwickeln Sie ein gesundes Misstrauen gegen ‚Buy Now Pay Later' (BNPL)-Modelle, auch bei den neuen Varianten der Verschmelzung von Girocard (früher EC-Karte), Debitkarte und Kreditkarte. Machen Sie es auf keinen Fall „American Style". Denn die US-Amerikaner, die uns sonst in vielen finanziellen Dingen voraus sind, sind leider auch große Schuldenmacher. Bei Konsumentinnen und Konsumenten spielen gerade die Kreditkartenschulden eine Hauptrolle. Diese Art von Schulden haben in den Vereinigten Staaten im Jahr 2025 ein neues Rekordniveau erreicht.

> Im ersten Quartal 2025 erreichte die Gesamtverschuldung der US-Privathaushalte einen Rekordwert von 16,9 Billionen Dollar. Innerhalb von nur drei Monaten waren 394 Milliarden hinzugekommen – der größte Anstieg seit zwei Jahrzehnten.[22]

Das spricht dafür, dass es hier um untrennbar mit einer bestimmten Mentalität verbundene Gewohnheiten geht, die nicht so leicht abgelegt werden können; Schulden zu machen, das ist so amerikanisch wie Hot Dog und Baseball. Gehen Sie selbst nicht in die **Schuldenfalle**, in der viele Menschen in den USA stecken!

Ebenso sollten Sie bei Konsumentenkrediten außerordentlich vorsichtig sein.

> Eine Studie des Deutschen Instituts für Wirtschaftsforschung (DIW) zeigt, dass 20 % der Deutschen **Konsumentenkredite** nutzen, aber 44 % davon den dazugehörigen Zinssatz gar nicht kennen.[23] Ein Hauptproblem ist, dass die Konsumentenkredite oft ihre Zinsen nicht ehrlich ausweisen, sondern angenehme Ratenzahlungen beinhalten, bei der die Höhe der Rate den (meist üppigen) Zins enthält.

---

22 Diese und viel andere faszinierende Informationen lassen sich auf der Homepage der US-amerikanischen Zentralbank (Federal Reserve System) nachlesen: www.federalreserve.gov

23 DIW Berlin: Konsumkredite: Viele Menschen kennen ihre Zinsen nicht – Kostendarst ellung beeinflusst Kreditaufnahme: DIW Wochenbericht 37/2022, S. 472-481

Wenn Sie die erste Aufräumarbeit gemacht haben und bei Dispo-Krediten, Kreditkarten und Konsumentenkrediten auf der sicheren Seite sind, dann geht es ans Sparen, später ans Anlegen und schließlich ans Investieren.

Sparen bedeutet im Grund nur, dass Sie Geld zurücklegen, sei es unter der Matratze, im klassischen Sparschwein, im Sparstrumpf, der Geldkassette oder wo auch immer. Sie sammeln etwas Geld an, um es für eine spätere Verwendung zur Verfügung zu haben. Verachten Sie das Sparen nicht! Wenn Sie nämlich Sparen nicht gelernt haben, dann wird es wahrscheinlich nichts mit dem Reichtum. Das klassische Sparen hängt mit **Sparzielen** zusammen:

Denken Sie sich etwas aus, das Sie sich leisten wollen und das Sie durch Sparen ermöglichen können. Definieren Sie eindeutige Summen und fangen Sie mit kleinen Zielen an: ein neues Regal, ein schöner Bildband, eine elegante Hose. Schaffen Sie sich Erfolgserlebnisse! Wenn Sie gemerkt haben, wie befriedigend Sparen sein kann, dann werden Sie zum professionellen Sparer. Ein bestimmter Teil Ihres Einkommens sollte dann regelmäßig für das Sparen verwendet werden. Empfohlen wird eine Sparrate von ungefähr 20 Prozent Ihres verfügbaren Einkommens. Damit Sie das erreichen, sollten Sie sich selbst überlisten. Sorgen Sie dafür, dass Sie die Sparentscheidung nicht immer wieder neu treffen müssen, sondern automatisieren Sie das Sparen so, dass es „hinter Ihrem Rücken" stattfindet. Ein regelmäßig laufender Dauerauftrag, der Geld vom Girokonto auf das Sparkonto umleitet, ist ein erster Anfang. Sie werden merken, dass Sie bei einer solchen Automatisierung irgendwann Ihr Budget neu einteilen – die Sparabflüsse werden einfach nicht mehr eingerechnet, sie stehen nicht mehr zur Verfügung.

An diesem Beispiel lässt sich schön zeigen, wie wichtig psychologische Elemente sind. Vermögensaufbau arbeitet nicht nur mit materiellen Mitteln oder ökonomischen Kalkulationen, sondern mit Ihren persönlichen Eigenschaften, Ihren Stärken und Schwächen. Unter anderem deshalb ist die Wirtschaftspsychologie so wichtig, auch ökonomische Strategien wie die Verhaltensökonomie. Vermögensaufbau sollte angewandte „*behavioural finance*" sein.

Wenn Sie nun mit dem Sparen vertraut sind und sich langsam kleinere Summen ansammeln, dann bereiten Sie sich auf die nächste Stufe vor. Am

Anfang werden Sie sichere und wenig profitable Spar- und Anlagevarianten nutzen: vom Sparschwein zum Sparkonto, das ist schon ein Schritt, dann vom Sparkonto zu Tages- oder Festgeldkonten und schließlich zu mehr renditeorientierten Anlageklassen, damit Ihr Geld regelmäßig aktiv vergrößert wird. Wenn Sie den Bereich der Anlage betreten, dann kommen Zins und Zinseszins, Dividende und Kursgewinn ins Spiel.

Aber machen Sie nicht den zweiten Schritt vor dem ersten. Zunächst bilden Sie eine solide Grundlage im Sparen, zum Beispiel indem Sie einen Notgroschen in Höhe von 3 oder 4 Monatsgehältern ansammeln. Es kann immer etwas passieren und Sie wollen nicht in die Lage kommen, überhastet Geld mobilisieren zu müssen.

Wir sind jetzt im **Bereich zwischen dem Sparen und dem Anlegen** angelangt. Zum Sparen sollten wir aber noch etwas besonders Faszinierendes betrachten, eine Dynamik, die Ihnen sehr helfen kann. Beim Weg vom Sparen zum Anlegen wollen wir uns einmal mit der Magie des Zinseszinses beschäftigen.

Was ist der Zinseszins?
Dieser entsteht, wenn Geld über einen längeren Zeitraum Zinsen erbringt und die Zinserträge wieder verzinst werden. Nehmen wir an, 1.000 Euro sind auf einem Sparkonto mit 3 % angelegt. Da es sich um einen jährlichen Zinssatz handelt, besitzen Sie nach 12 Monaten nicht mehr nur 1.000 Euro, sondern 1.030 Euro. Für die neue Zinsberechnung in Jahr 2 werden nun nicht mehr die alten 1000 Euro, sondern die neue Summe von 1.030 Euro zugrunde gelegt. Nun bekommen Sie also nicht 30 Euro Zinsen, sondern 30,90 Euro. Am Ende von Jahr 2 haben Sie also 1.060,90 – ohne irgendetwas verändert zu haben – einfach durch die Macht des Zinseszinses. Bei solchen kleinen Summen scheint das keine Bedeutung zu haben. Aber denken Sie an 100.000 Euro, die im ersten Jahr 3.000 Euro Zinsen erbringen und im zweiten dann 3090 Euro. Und die neuen Summen werden immer weiter verzinst, also mit Zinseszinsenzinsen... Das wirkt sich über die Jahre ganz enorm aus, wenn Sie das Geld geduldig liegen und wachsen lassen.

Zwei Beispiele, die das schön veranschaulichen, seien hier gegeben:

- Zum einen der Josephspfennig und dann
- ein Roman von Andreas Eschbach, aus dem 2023 auch eine Fernsehserie entstanden ist.

Die Geschichte vom **Josephspfennig** illustriert die Macht und Magie des Zinseszinses in der Weise, dass angenommen wird, zum Zeitpunkt von Christi Geburt würde ein Pfennig mit 5 % Zinsen angelegt. Das Beispiel stammt von dem Mathematiker Richard Price, der in seinem Buch „An Appeal to the Public on the Subject of National Debt" von 1772 ausrechnet, dass ein solcher Pfennig im Laufe der Geschichte bis in die damalige Gegenwart den Wert von 150 Erdkugeln aus Gold besitzen würde. Es handelt sich nämlich um exponentielles Wachstum – eine Form der Steigerung, die wir intuitiv immer unterschätzen. Die Zeit mit ihren wachsenden Steigerungen ist ein mächtiger Faktor.

Das macht sich auch der Autor Andreas Eschbach in seinem **Buch „Eine Billion Dollar"** zunutze. Hier erbt ein junger Mann in der Gegenwart ein gigantisches Vermögen, das anwachsen konnte, seitdem ein Kaufmann in der Renaissance eine gewisse Summe anlegte. Und wohlgemerkt geht es nicht um gewiefte Finanzspekulationen, sondern einfach um die Vermehrung mit Zins, Zinseszins, Zinseszinseszins usw.

Nehmen wir die nächste Stufe auf der Treppe zum Vermögen: Einen guten Übergang vom Sparen zum Anlegen bekommen Sie hin, wenn Sie den Aktienmarkt berücksichtigen. Vermögensbildung ohne Aktien – das wird sehr schwierig, wenn Sie nicht auf Lottogewinne oder lukrative Erbschaften hoffen. Aktien erreichen über längere Zeiträume durchschnittlich Wachstumsraten von 4 bis 6 %. Aktien sind reale Unternehmensanteile, nicht nur theoretische Werte – daher profitieren Sie direkt vom Wachstum der Unternehmen. Aber natürlich haben Sie auch Teil an ihren Krisen...

Wie steht es überhaupt mit dem Risiko?

Mit Prognosen soll man bekanntlich vorsichtig sein, besonders wenn sie die Zukunft betreffen – aber es ist wie gesagt eine von vielen Erfahrungen gestützte Regel, dass es auf den Aktienmärkten zumindest über lange Strecken meist aufwärts geht. Beherzigen Sie jedoch immer die 2R-Regel: Risiko und Rendite gehören zusammen. Sehen Sie jede Anlageform genau daraufhin an, welches Risiko Sie eingehen müssen, um höhere Renditen zu erhalten. Und glauben Sie niemals jemandem, der Ihnen Geheimtipps zuspielt, mit denen große Renditen ganz risikofrei erzielt werden können. Nehmen Sie daher viele verschiedene Anlageformen mit unterschiedlichen Risiko-Rendite-Kombinationen in den Blick. Ideal ist eine breite Streuung nach der alten Devise „Niemals alle Eier in einen Korb legen!" Außerdem ist es gut, bei Aktienanlagen nicht mit Einzeltiteln zu beginnen, sondern mit Fonds. In Fonds werden verschiedene Aktien zusammengefasst, das Risiko ist also breiter gestreut.

Der **Aktienfonds** ist ein Finanzprodukt, eine Form des Investmentfonds, in dem Anteile aus verschiedenen Firmen in einem Sondervermögen zusammengeführt werden. Die Fondsverwalter treffen Entscheidungen darüber, wie welche Aktienanteile gewichtet werden, was hinzugefügt wird oder abgestoßen. Es gibt nicht nur Aktienfonds, sondern auch andere Investmentfonds, die in Immobilien, Rohstoffe, Geldmarktpapiere oder Staatsanleihen investieren. Wichtig ist immer, dass die Anteile, die ich als Anleger erwerben kann auf ein diversifiziertes Fondsvermögen bezogen sind.

Im Bereich der Aktienfonds gibt es verschiedene Formen: Solche Fonds können sich auf eine Branche konzentrieren oder auf ein Land, sie können bestimmte Technologien in den Mittelpunkt stellen oder bestimmte Analysestrategien, mit denen sie die zu erwerbenden Aktien aussuchen. Es gibt also Logistik-Fonds, Japan-Fonds, KI-Fonds oder Value-Investment-Fonds und vieles mehr: Tausende Fonds in allen Formen und Farben.

Eine für Anlegerinnen und Anleger besonders wichtige Unterscheidung ist die zwischen sogenannten „aktiven" und „passiven" Fonds. Bei den „aktiven" entscheiden Fondsverwalter über die Anlagestrategien und Gewichtung, bei den „passiven" reproduzieren sie vorhandene Mischungen wie z. B. solche in Aktienindizes. Indices gibt es für die verschiedensten Märkte oder Marktsegmente; einige bekannte Namen sind: DAX (Deutscher Aktienindex), S&P 500 (Stand & Poors 500), MSCI (früher Morgan Stanley Capital International) oder FTSE (Financial Times Stock Exchange).

Besonders günstig für die Anleger kleiner und mittlerer Summen sind bei den passiven Fonds sogenannte ETFs (Exchange-traded Funds), in denen einfach ganze Märkte oder Sektoren automatisch abgebildet werden. Diese haben den Vorteil, mit geringen Verwaltungsgebühren auszukommen. Es werden nur die Verteilungen von Titeln in bestimmten Indizes (wie dem

DAX) genommen und nachgebaut. Weil der ETF ein Grundstein für private Vermögensbildung sein kann, lohnt sich hier ein genauerer Blick:

Exchange-Traded Funds (ETF)
Während es Investmentfonds für Aktien schon seit dem 18. Jahrhundert gibt, sind für den ETF, gerne auch Indexfonds genannt, die Jahre 1989 und 1990 entscheidend. 1989 wurde eine erste Form auf den Markt gebracht, ein Fonds, der sich am S&P 500 Index orientierte. Dieser Fonds („Index Participation Shares") wurde – allerdings nur für kurze Zeit – an der NSYE New York und der Philadelphia Stock Exchange gehandelt. 1990 kam dann ein Fonds auf den Markt, der in Kanada aufgesetzt wurde, und in der Folge US-amerikanische Folgeprodukte nach sich zog, von denen einige in veränderter Form bis heute existieren.
Worum geht es genau bei diesen ETFs? Zunächst zum Namen: die Fondsanteile werden an den Börsen gehandelt, daher ist hohe Liquidität gegeben.
Was ist das Prinzip und warum sind die ETFs so erfolgreich? Hier werden Aktien verschiedener Firmen in einem Verhältnis gekauft, das einem bestimmten Markt oder Marktausschnitt entspricht. Wenn also eine Aktie im Deutschen Aktienindex DAX mit 3 % vertreten ist, dann wir ein DAX-ETF diese Aktien auch mit 3 % enthalten. Warum ist das so günstig? Weil solche ETFs ganz leicht zusammenzustellen sind. Es benötigt keine gut bezahlten Fondsmanager und Strategen, keine genauen Analysen von Firmen oder Marklagen – und das spart viel Geld! Der große Vorteil der ETFs ist also, dass wir kaum Verwaltungsgebühren haben. Denn solche Verwaltungsgebühren müssen ja aus den Fonds-Gewinnen bezahlt werden und schmälern dementsprechend unsere Rendite. Das Problem ist, dass viele Banken keine oder nur wenige ETFs verkaufen, weil sie daran verhältnismäßig wenig verdienen. Machen Sie sich also schlau, bei wem Sie ETFs kaufen können, zum Beispiel bei günstigen Online-Brokern.

Wie immer gibt es bequeme und weniger bequeme Formen des Anlegens. Auf der einen Seite kann jeder Mensch, der ausreichend interessiert und motiviert ist, auch über die Zeit verfügt, umfangreiche Einzelanalysen anstellen, sich finanziell fortbilden und in der reichhaltigen Medienlandschaft nach Anregungen suchen. Auf der anderen Seite hat aber auch jeder das Recht, sich nur so viel mit Finanzanlagen zu beschäftigen wie er eben Zeit und Lust hat. Ein populärer Anlageratgeber heißt daher auch: *„Der entspannte Weg zum Reichtum"*.[24]

Einen Aspekt können wir nicht zu viel betonen: Regelmäßigkeit. Gehen Sie geduldig und regelorientiert vor, am besten mit monatlichen Zahlungen. Dann können Sie auch bei Aktien- oder Fondskäufen den sogenannten **Cost-Average-Effekt** nutzen, mit dem sich Kursschwankungen etwas ausgleichen lassen. Wie geht das?

Das Schöne beim Cost-Average-Effekt ist, dass in schlechten Zeiten einfach mehr Anteile gekauft werden. Wenn Sie monatlich 100 Euro ausgeben, um Aktien der Firma A zu kaufen, dann können Sie bei dem Kurs von 5 Euro pro Aktie entsprechend 20 Stück kaufen, aber bei 4 Euro pro Aktie eben 25 – die bei steigenden Kursen dann später Ihren Gewinn vervielfachen. So entsteht bei längerem Anlagezeitraum automatisch ein günstiger Durchschnittspreis.

Natürlich lassen sich immer Gegenrechnungen aufmachen, bei denen davon ausgegangen wird, dass Sie günstig einkaufen und teuer verkaufen. Es ist tatsächlich immer mal wieder möglich, solche glücklichen ‚Schnäppchen' zu machen – aber für die Durchschnittsanleger sind regelmäßige Käufe bei Nutzung des Cost-Average-Effekts dennoch sinnvoll.

So viel zunächst zu den strategischen Orientierungen und den zu wählenden Produkten. Bei all diesen Einzelentscheidungen sind allerdings immer auch Steuerfragen zu berücksichtigen. Dazu gibt es eine Fülle von spezieller Fachliteratur, auch professionelle Beratung auf den verschiedensten Einkommens- und Vermögensstufen. Dazu später mehr ...

Teil der strategischen Grundlegung sollte immer sein, dass Sie die verschiedenen **Lebensphasen** gut im Blick haben. Der Zeithorizont ist wichtig: was benötigen Sie wann? Wenn Sie an langfristige Ziele denken wie die Vorsorge für das Rentenalter, eine Immobilieninvestition, die Sicherung der Ausbildung für Kinder oder die Gründung eines Unternehmens, dann

---

24 Susan Levermann, Der entspannte Weg zum Reichtum, München (dtv) 2011[12]

werden Sie andere Anlageformen nutzen als für die Finanzierung einer Reise, den Kauf eines Autos, Familienfeiern oder Möbelanschaffungen. Langfristig sind Aktieninvestitionen, Immobilienengagement oder vor allem ETFs die Mittel der Wahl. Hier können (und müssen!) Sie Geduld haben und die langfristige Entwicklung nutzen. Bei näherliegenden Zielen setzen Sie eher auf Tagesgeld, Anlagen mit kürzeren Laufzeiten etc.

5.2 Risikomanagement

Risiko ist ein entscheidendes Wort, wenn es um Finanzen geht. Jedes noch so kleine Vermögen ist Risiken ausgesetzt: neben privaten Gefahren und Bedrohungen wie Einbruch, Wasserrohrbruch, Unfall, Krankheit, Arbeitsplatzverlust oder Scheidung sind das vor allem die großen wirtschaftlichen Unheilbringer wie Geldentwertung, Börsencrash, Wirtschaftskrise und vieles mehr. Leider ist in den letzten Jahren auch der Krieg als großer Wertevernichter wieder wahrscheinlicher geworden. Wenn wir Risiken ökonomisch beschreiben wollen, müssen wir zunächst festhalten, dass mit dem Wort ‚Risiko' nicht Ungewissheit oder Gefahr gemeint ist – sondern eine kalkulierbare Größe. Risiko als wirtschaftlicher Faktor ist immer bewertbar, kann und muss also in Zahlen ausgedrückt werden. Zudem ist das Risiko meist untrennbar verbunden mit den Renditechancen. Als Grundregel können wir uns merken: „no risk, no fun" – wenn sich irgendwo große Renditechancen ergeben, dann sind sie normalerweise mit überdurchschnittlichen Gefahren und Verlustmöglichkeiten gekoppelt.

Wie wir Risiken managen, das ist also ein wesentlicher Teil unserer Kompetenz, ein Vermögen aufzubauen und auszubauen. Welche Rolle spielt das Risikomanagement genau beim Vermögensaufbau und welche Stellschrauben gibt es? Risikomanagement ist ein entscheidender Faktor für den nachhaltigen Vermögensaufbau, denn es hilft dabei, finanzielle Verluste zu minimieren und durch Substanzerhalt langfristige Stabilität zu gewährleisten. Dazu gehören einige zentrale Aspekte:

1. Diversifizierung
2. Risikobewertung
3. Kapitalerhalt
4. Anpassung an Lebensphasen
5. Emotionale Kontrolle
6. Nutzung von Absicherungsinstrumenten

Diversifizierung

Eine breite Streuung der Investitionen über verschiedene Anlageklassen wie Aktien, Anleihen, Immobilien und Rohstoffe verringert das Risiko. Dadurch wird vermieden, dass eine einzelne schlechte Investition das gesamte Portfolio beeinträchtigt. Denn ein Sektor mag einmal in die Krise geraten, aber selten alle gleichzeitig.

Risikobewertung

Seien Sie sich darüber bewusst, worauf Sie sich einlassen! Vor jeder Investition sollten alle Risiken analysiert werden. Dies umfasst Faktoren wie Marktschwankungen, wirtschaftliche Entwicklungen und individuelle finanzielle Ziele. Dabei ist extrem wichtig, dass, wie schon erwähnt, meistens Chancen mit Risiken gekoppelt sind. Besonders rentable Anlagen sind oft auch besonders risikoreiche Anlagen. Manchmal ist deshalb die langweiligste Strategie die beste.

Kapitalerhalt

Wenigstens nichts verlieren! Ein guter Risikomanagement-Ansatz stellt sicher, dass ein Teil des Vermögens in sichere Anlagen fließt, z. B. Tagesgeld, Edelmetalle oder Anleihen mit hoher Bonität. Dadurch bleibt das Portfolio auch in turbulenten Zeiten stabil. Aber analysieren Sie sorgfältig, welche Anlagen wirklich über den Tag hinaus verlässlich wertbeständig sind. Darüber können die Ansichten nämlich sehr auseinander gehen...

Anpassung an Lebensphasen

Alles fließt – und in jedem Alter haben Sie andere Herausforderungen zu meistern. Die Risikobereitschaft sollte sich mit dem Alter und den finanziellen Zielen ändern. Jüngere Anleger können sich oft höhere Risiken leisten, während ältere Anleger eher auf Sicherheit setzen. Das muss sich in Ihrem Anlageverhalten und Ihrem Portfolio widerspiegeln.

Emotionale Kontrolle

Beim Geldanlegen und beim Vermögensaufbau sind Sie selbst Ihr größter Feind! Richten Sie daher Ihren Blick nicht nur nach draußen, auf Aktien, Anleihen, Gold- oder Silbermünzen – sondern auch nach innen: auf Ihre individuellen Ängste und Hoffnungen, auf Gier und Überheblichkeit, die sich in allen Menschen finden und verheerende Fehlentscheidungen bewirken können. Panikverkäufe in Krisenzeiten oder übertriebene Euphorie bei positiven Markttrends können die Vermögensentwicklung sehr gefährden. Diszipliniertes und rationales Investieren ist daher essenziell, Selbstkritik und Selbstdisziplin überlebenswichtig.

Nutzung von Absicherungsinstrumenten

Arbeiten Sie nicht ohne Netz! Versichern, absichern und alle Eventualitäten bedenken, das gehört zum Vermögensschutz. Instrumente wie Stop-Loss-Orders, bei denen z. B. Aktien bei einem festgelegten Preis verkauft werden, können helfen, Verluste zu begrenzen und das Portfolio zu schützen. Gehen Sie aber auch hier nicht den eigenen Ängsten auf den Leim oder lassen sich von Untergangspropheten in Anlagen hineinreden, die so gut abgesichert sind, dass garantiert keine Rendite mehr möglich ist. Die Ängste vor Vermögensverlust sind vielfältig, wie eine aktuelle Umfrage zeigt:

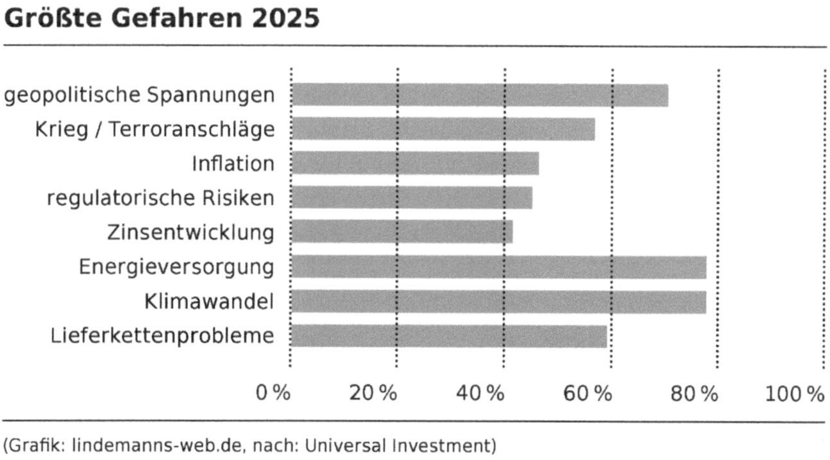

Abb. 2: Bedrohungen des Vermögens: Was Anleger besonders fürchten

Eines der klassischen Absicherungsinstrumente ist die Investition in Gold. Weil das für viele Menschen ein Faszinosum ist und weil um das Gold herum viele Mythen und Geschichten entstanden sind[25], hat das Thema einen genaueren Blick verdient:

Gold als Element im Vermögensaufbau

Gold weckt Emotionen. Schon seit Jahrtausenden ist es das Symbol für Reichtum, für die Macht, die materielle Werte verleihen können. Ob als Tempelschmuck, Hintergrund für Ikonen oder Ehering: das Gold schafft Vertrauen. Für den Vermögensaufbau wichtig kann es sein, weil es einen gewissen Inflationsschutz bietet. So wird immer wieder gerne vorgerechnet, dass wir in der Antike mit der gleichen Goldmenge das Essen für einen Monat erwerben konnten wie heute – oder dass die gleiche Goldmenge eine warme Decke kauft wie im Mittelalter. Solche Berechnungen können wir mit einer gewissen Vorsicht aufnehmen. Aber es stimmt in der langfristigen historischen Perspektive schon: Gold verliert nur in engen Grenzen an Wert, einen Totalabsturz des Goldwerts gibt es außerordentlich selten. Allerdings sehen wir beim Gold normalerweise auch keine großen Wertsteigerungen, höchstens sehr langfristige Aufwärtstrends. Daher empfehlen Anlageberater meist, einen gewissen Anteil des Portfolios (je nach Neigung und Markteinschätzung zwischen 5 und 15 %) in Gold anzulegen.

Es gibt dazu eine Fülle von Produkten. Goldbarren der verschiedensten Größen kommen in Frage, aber auch Anlagemünzen oder historische Sammlermünzen. Achten Sie hier auf die steuerliche Sonderstellung: Wenn physisches Anlagegold verkauft wird, dann muss in vielen Fällen keine Einkommenssteuer gezahlt werden. Immer befreit ist Gold zudem von Mehrwert- und Abgeltungssteuer. Wichtig ist die Jahresfrist: nach einem Jahr können Sie normalerweise verkaufen ohne Steuern abführen zu müssen.

Sollten Sie sich auf materielle Goldanlagen wie Münzen oder Barren konzentrieren, dann informieren Sie sich auch über Schließfächer oder Tresore. Viele Menschen entscheiden sich dann für Bankschließfächer.

25 Zusätzliche Informationen bietet: Michael Bloss, Multitalent Gold. Anlegen, spekulieren, absichern, München (uvk) 2021[3]

Eine praktische Bemerkung: Verbraucherschutzzentralen weisen darauf hin, dass Banken verpflichtet sind, ihre Tresorräume angemessen zu sichern. Geschieht das nicht und kommt es z. B. wegen eines Einbruchs zum Schaden, handelt die Bank möglicherweise fahrlässig. Es tritt dann für die Bank der Haftpflichtfall ein – mit der Folge, dass die Bank in wahrscheinlich unbegrenzter Höhe für den Schaden haftet und es gar nicht auf den Versicherungsschutz des Kunden ankommt.[26] Verschuldet also eine Bank oder Sparkasse den Verlust des Schließfachinhalts, haftet sie. Allerdings begrenzen einige Anbieter diese Haftung; hier lohnt ein Blick auf das Kleingedruckte und manchmal ist es sinnvoll, doch noch zusätzlichen Versicherungsschutz zu organisieren. Außerdem ist es wichtig, alles zu dokumentieren, was sich im Schließfach befindet. Und das wird immer mehr...
Sollten Sie ein Goldinvestment ohne physische Anlage bevorzugen, dann sehen Sie sich im großen Bereich der Gold-Derivate, Gold-ETFs oder auch einmal der Aktien von Goldminen um.

Gutes Risikomanagement ist also nicht nur eine Absicherung gegen Verluste, sondern auch ein Weg, um langfristig erfolgreich Vermögen aufzubauen. Denn das Risiko ist immer in der einen oder anderen Form vorhanden, in jeder wirtschaftlichen oder politischen Wetterlage gibt es Bedrohungen für die Vermögenswerte.

5.3 Anlageformen

Wer sich mit der Geschichte und Gegenwart, der Theorie und der Praxis des Vermögens beschäftigt, der wird schnell feststellen, wie ungeheuer vielfältig die Vermögensgegenstände sind. Das, was das Vermögen materiell bildet, heute auch gerne als „asset" bezeichnet, kann in unendlich vielen Formen auftreten. Je nach Zeitphase, Kultur, je nach den ökonomischen oder sozialen Kontexten ist schon fast alles als Vermögensgegenstand betrachtet worden.

26 Zu solchen Themen können Sie in der Finanzzeitschrift der Stiftung Warentest (seit März 2025 ‚Stiftung Warentest Finanzen", davor ‚Finanztest') immer Hinweise finden, auch in den Jahrbüchern oder speziellen Ratgeber wie „Finanzen nebenbei" von 2018 oder „Finanzen verstehen" von 2020; zu den Schließfächern auch online: https://www.test.de/Schliessfaecher-im-Test-4264499-5824811/ (abgerufen am 22.03.2025)

Einen schönen Überblick zu diesen vielfältigen Formen gibt die schon erwähnte umfassende „*Geschichte der Vermögensverwaltung*" von Seuferle.[27]

Obwohl wir viel aus der Geschichte des Vermögens lernen können, wollen wir uns hier auf das konzentrieren, was in der Gegenwart konkret als Vermögen betrachtet wird.

Zunächst einmal sollten wir zwischen immateriellen und materiellen Vermögenswerten unterscheiden.

Unter **immateriellen Vermögenswerten** verstehen wir zum Beispiel

- Patente von Erfindungen,
- Markenrechte, aber auch Reputation und
- gute Beziehungsnetzwerke.

Auch die Eigenschaften von Menschen, Kompetenzen und Qualifikationen können als immaterielle Teile des Vermögens gefasst werden. Dass Klugheit oder Schönheit, eine angenehme Stimme oder handwerkliches Geschick reale Vermögensvorteile bringen können, ist allen klar, aber diese immateriellen Werte sind oft schwer zu bewerten und in hohem Maße kontextabhängig. Das gilt für den sozialen Kontext: Wenn in einer Gesellschaft Geschäfte „per Handschlag" besiegelt werden und es kein Problem ist, den Cousin zum Geschäftsführer zu machen, dann spielen familiäre und andere Netzwerke eine viel größere Rolle. Und es gilt ebenso für den rechtlichen Kontext: Auch die Patentrechte, das geistige Eigentum, benötigen einen bestimmten regelbasierten Rahmen, um wirklich wertvoll zu sein. Garantierte Patentnutzung ist keine Selbstverständlichkeit. Wenn sich niemand darum kümmert, dass Sie eine bestimmte Erfindung gemacht haben und diese Erfindung auch nicht rechtlich geschützt und abgesichert ist, dann haben Sie wenig Nutzen davon.

Eine große Diskussion gibt es auch um die **Wissensökonomie** – ob und wie das Wissen als quantifizierbarer Wert behandelt wird, das gibt immer wieder Anlass zum Nachdenken.[28] Dass Wissen wertvoll ist und nach einem alten Sprichwort sogar „Macht" bedeuten kann, das ist wohl jedem und jeder klar. Aber wie genau sollen wir Wissen messen? Und welches Wissen kann in welcher Beziehung als Teil des Vermögens angesehen werden? Ist es nur

---

27 Rolf Seuferle, Geschichte der Vermögensverwaltung, Frankfurt a. M. (Westend) 2023

28 U.a. in: Harald Hagemann (Hrsg.), Wissen / The Knowledge Economy. Studien zur Entwicklung der ökonomischen Theorie XXVI, Schriften des Vereins für Socialpolitik 115 / XXVI, Berlin (Duncker & Humblot) 2011

das Wissen, das zu unserem beruflichen Erfolg beiträgt und so messbares Mehreinkommen erzeugt?

Bei **materiellen Werten** ist das etwas einfacher. Aber auch diese müssen bestimmte Eigenschaften aufweisen und in einem spezifischen Kontext als wertvoll anerkannt werden. Solche materiell-finanziellen Werte haben mehreres gemeinsam:

- **Wertbeständigkeit**: Auch wenn Zeit vergeht, soll der Vermögensgegenstand noch einen bestimmten Wert besitzen. Für materielle Vermögenswerte ist es grundlegend, dass sie ihren Wert nicht verlieren, sondern möglichst über einen bestimmten Zeitraum erhalten bzw. steigern. Deshalb sind stark fluktuierende Werte, die jetzt einen hohen, später einen niedrigen und dann vielleicht wieder einen hohen Preis haben, problematisch, vor allem wenn die Unterschiede zwischen den Preisen sehr groß sind. Das Misstrauen, das viele Menschen gegen Anlagen am Aktienmarkt haben, rührt genau daher: sie sehen das Auf und Ab an der Börse und bezweifeln, dass ihr Geld seinen Wert behält. Wir sprechen dann von hohen Volatilitäten, großen Ausschlägen in der Bewertung.
- **Liquidität**: Den finanziellen Wert muss ich auch möglichst jederzeit und unter geringem Aufwand „aktivieren“ können. Es ist misslich, wenn ich zwar wertvolle Dinge besitze, dieses aber nicht „zu Geld machen“ kann, das Kaufkraft hat. Kunstwerke mögen beispielsweise einen hohen Wert besitzen, aber sie lassen sich nur in ganz bestimmten Zusammenhängen und Situationen verkaufen: ein entsprechender Markt mit Käufern muss vorhanden sein, ein Kunsthandel, in dem der besondere Wert gerade dieses Werks erkannt wird. „Liquide“, also „flüssig“ bin ich, wenn ich über die Zahlungsmittel verfüge, die hier und jetzt verlangt werden. Und die Voraussetzungen dafür sind zahlreich – schon ein fehlender Geldautomat kann einen in echte Schwierigkeiten bringen...

All dies findet vor dem Hintergrund kleinerer oder größerer Inflation statt. Was unser Geld leistet und wie es eingesetzt werden kann, auch das ändert sich regelmäßig.

Aus praktischen Gründen sollten wir zudem in Vermögenszusammenhängen die **Steuerfragen** niemals vergessen. Wir alle leben in Steuerregimes, d. h. wir zahlen Steuern und profitieren von Strukturen, die durch Steuern erhalten werden. Wir alle leiden gelegentlich unter diesen Steuerverpflichtungen und auf Anhieb werden uns zahlreiche Beispiele für Steuergeldverschwendung durch den Staat einfallen, weswegen wir auch meist nur geringe Bedenken haben, diesen oder jenen Steuervorteil wahrzunehmen. „Steuerliche Optimierung“ hat einen schlechten Klang bekommen, weil immer wieder Fälle bekannt werden, in denen reiche Menschen wenig oder gar keine Steuern in dem Land bezahlen, in dem sie ihr Vermögen bilden konnten. Der berühmte US-Investor und Börsenguru **Warren Buffett** hat diese Irritation vielfach zum Ausdruck gebracht und betont, dass es unsinnig sei, wenn er selbst weniger Steuern zahle als seine Sekretärin. Er hat schon vor vielen Jahren gefordert, dass Reiche und Superreiche ihren fairen Anteil an der Finanzierung des Staates leisten sollten. Auch die ‚Panama Papers‘, die Steuerhinterziehungsmodelle und deren Profiteure bekannt machten, haben für Irritationen gesorgt, weil sie deutlich vor Augen geführt haben, dass es allerlei Möglichkeiten gibt, das eigene Steueraufkommen auf mehr oder weniger legale Weise zu senken. Die „Cum-Ex“- und „Cum-Cum“-Skandale über Bereicherung durch unberechtigte Steuerrückzahlungen tragen zum Bild bei.

Unabhängig von diesem Missbrauch bleibt es aber richtig und wichtig, sich über die steuerlichen Aspekte des Vermögensaufbaus zu informieren. Und auch da – wie in so vielen Fällen – gibt es eine ganze Branche zur Unterstützung. Wenn Sie beginnen, sich damit zu beschäftigen, dann werden Sie erstaunt sein, wie viele Menschen Ihnen beim Bilden eines Vermögensstocks helfen wollen. Sie werden Ihnen schnell ihre Unterstützung anbieten.

Da gibt es die Steuerberater, die ihnen das oben erwähnte Problem abnehmen wollen; aber es gibt auch Motivationstrainer, die dafür sorgen wollen, dass Sie das richtige „Mindset“ entwickeln, es gibt Anbieter von Daytrading-Kursen, Finfluencer und Social-Media-Expertinnen, Crashpropheten, die angeblich dabei helfen, allerlei Katastrophen und Wirtschaftszusammenbrüche zu vermeiden und vieles mehr. Sehr beliebt ist auch die sogenannte ‚Finanzpornographie‘. Darunter versteht man die reißerische Berichterstattung über unglaubliche Anlagechancen, sagenhafte Gelegenheiten, große Börsenvisionäre und den „Tipp des Tages“. Sie werden in diesem Medienumfeld auch immer die tollsten Erfolgsgeschichten zu sehen bekommen – Steigerungsraten, die einen schwindlig werden lassen. Meiden Sie besser die Marktschreier und Finanzpornographen wo immer Sie können. Sie appellieren an Gier und Angst – und immer haben sie ein starkes Eigeninteresse, das nicht unbedingt Ihres sein muss. Glücklicherweise ist Finanzpornographie leicht zu erkennen: der schrille Ton, die übertriebenen Gewinnerwartungen oder die Doomsday-Geschichten von einem bald bevorstehenden Währungszusammenbruch, die einseitigen Erfolgsgeschichten – all das zeigt Ihnen an, dass etwas nicht stimmt. Übrigens liegen diese Finanzwichtigtuer nicht immer falsch. Crash-Propheten sind wie stehengebliebene Uhren – zweimal am Tag zeigen sie tatsächlich die richtige Zeit an. Aber eben nur zweimal am Tag...

So gibt es auch Krisen und Hypes, bei denen bestimmte Leute dann rufen können: „Ich habe es ja gesagt!" (nur eben immer wieder und schon seit Jahren). Sie verlassen sich dann darauf, dass viele Menschen ein kurzes Gedächtnis haben. Wenn wir zum Beispiel die vielen Endzeitszenarien für den Euro ansehen, dann kann einem schon flau im Magen werden. Seit seiner Einführung kündigt eine bestimmte Alarmistencrew regelmäßig an, dass diese Währung nicht überlebensfähig sein könne und spätestens am Ende des Jahres zusammenbrechen würde. Hier kann nur zur Vorsicht geraten werden – und dazu, sich die Perfomance der Produkte, die solche Lautsprecher anbieten, genau anzuschauen. Sehen Sie genau hin, was die Herrschaften verkaufen wollen und ob sich ihre Lösungen bisher bewährt haben.

Zum **klugen Vermögensaufbau** gehört, dass Sie nicht den Lautesten, sondern den Klugen vertrauen – und zwar den Klugen, die mit ihren Fonds oder Strategien nachweislich gute Ergebnisse erzielt haben. Eine solche Vorgehensweise mag weniger sexy und aufregend sein, wird aber langfristig eher zum Erfolg führen.

Viele Grundsätze des Vermögensaufbaus mögen altmodisch und behäbig wirken – und manchmal ist es tatsächlich klug, auch Ratschläge aus dem 18. Jahrhundert ernst zu nehmen:

> „Man kann aber unmöglich Vermögen erwerben, wenn nicht zuvörderst ein jeder das Vermögen, so er bereits besitzet, zu erhalten suchet. Diese Erhaltung des Vermögens, welche wegen der menschlichen Leidenschaften so leicht eben nicht zu bewerkstelligen ist, besteht vornehmlich darinnen, daß man niemals das Vermögen selbst, oder den Grund des Vermögens angreift, sondern bloß den Nutzen oder die Einkünfte des Vermögens verzehret. Hierzu gehören aber öftere Untersuchungen, von dem Zustande des Vermögens, welches durch Berechnungen, allerlei Inventaria und dergleichen geschieht. Vornehmlich aber

> wird dazu erfordert die Sicherstellung des Vermögens, nämlich leiblicher Weise, vor Dieben, Feuer und andern Gefahren, moralischer Weise aber durch Vorsicht bei Kontrakten und Ausleihung der Gelder."[29]

Und natürlich gibt es überall Verlockungen, weniger ‚*oldschool*' zu sein, auf wilde und coole Art, den schnellen Euro zu machen. Zwei davon möchte ich hier noch ein bisschen ausführlicher beleuchten, weil ich feststelle, dass sie bei meinen Studierenden immer wieder eine Rolle spielen. Ich werde dann nach meiner Vorlesung ‚Finanzmarkt und Ethik' gerne gefragt: „Was halten Sie eigentlich vom Daytrading?" oder „Ein Freund hat mit Kryptowährungen richtig Geld verdient – kann ich das auch?"

Ohne ein Spielverderber sein zu wollen, würde ich bei beidem dazu raten, vorsichtig zu sein, gerade weil mittlerweile eine ganze Branche davon lebt, diese ‚Wege zum Reichtum' zu vermarkten. An schlauen Ratgebern fehlt es da gewiss nicht... Aber gelegentlich sollten wir uns fragen, warum diese Ratgeber immer noch ihre Produkte anpreisen und nicht schon längst in ihrer Villa die so smart erworbenen Millionen genießen.

Aber zu den ‚Geheimtipps': Zunächst kurze Erklärungen zum Daytrading und zu den Kryptowährungen und dann jeweils meine jeweilige persönliche Einschätzung:

Unter **Daytrading** versteht man den kurzfristigen Börsenhandel, bei dem alle Geschäfte innerhalb eines Tages abgeschlossen sein müssen. Es geht also um den schnellen Kauf und Verkauf verschiedener Finanzwerte. Das lässt sich mit den entsprechenden Terminals und Handelssystemen von zuhause aus machen. Für viele Menschen ist das faszinierend und es kursieren allerlei Gerüchte darüber, dass hier schnell viel Geld zu verdienen sei. Gerade junge Leute (meistens

29 Johann Heinrich Gottlob Justi, Kurzer Systematischer Grundriss aller ökonomischen und Kameralwissenschaften, 1761; zitiert nach Johannes Burckhardt / Birger Priddat (Hrsg.), Geschichte der Ökonomie, Frankfurt a. M. (Deutscher Klassiker Verlag) 2000, S. 256

Männer) fühlen sich davon angezogen und träumen von wilden Kursjagden und schnellen Gewinnen in einem coolen Techno-Environment mit herumliegenden Pizzaschachteln. Dazu gleich vorweg: 90-95 % der Daytrader verdienen überhaupt nichts mit ihrer Tätigkeit! Es verhält ähnlich wie beim berühmten Goldrausch in Kalifornien als die Verkäufer von Schaufeln und Rucksäcken, von Eseln und Spitzhacken, die eigentlichen Gewinner waren: die Ausrüster der Daytrader, die ihnen Programme, Workshops, Bücher, Coachings oder auch ergonomische Stühle für die endlosen Arbeitssitzungen verkaufen, die verdienen zum Teil recht gut. Die Daytrader selbst nicht. Es gibt einen kleinen Anteil von Tradern, die mit ihrer Tätigkeit ihren Lebensunterhalt verdienen können und einen noch kleineren, der gelegentlich Gewinne verbucht (schätzungsweise deutlich unter 1 %). Und bestimmt gibt es auch irgendwo jemanden, der durch Daytrading ein Vermögen gemacht hat. Allerdings erfahren wir von dieser kleinen Minderheit regelmäßig, während die gigantische Mehrheit der Verlierer über ihre Erfahrungen eher schweigt. Erfolgsgeschichten sind doch leichter erzählt.

Meine Einschätzung: es ist nicht unmöglich, mit Daytrading Geld zu verdienen, wenn man viel Fachwissen, große Selbstdisziplin und gute Rückenmuskulatur mitbringt, aber es ist außerordentlich schwer. Der Sucht- und Selbstzerstörungsfaktor ist nicht zu unterschätzen sowie die Geschäftstüchtigkeit der ‚Ausstatter'. Für den Vermögensaufbau eignet es sich normalerweise nicht.

Die **Kryptowährungen** sind ein weiteres Hype-Thema. Die bekannteste davon ist Bitcoin. Ursprünglich als Alternative zum herkömmlichen Geld geschaffen, sind sie mittlerweile ein spekulatives digitales Asset, das zum Teil erstaunliche Wertsteigerungsraten verzeichnet.

Kryptowährungen werden nicht von Staaten kontrolliert, sondern werden geschaffen (‚geschürft' oder ‚gemined') indem komplizierte Rechenaufgaben auf dem Computer erledigt werden. Die so geschaffenen ‚Coins' sind in einer Datenbank verzeichnet und über Protokolle lässt sich der aktuelle Status und die Transaktion dokumentieren. Die auf verschiedenen Rechnern dezentral arbeitende Datenbank ist die sogenannte Blockchain. Wichtig ist, dass die Blockchain-Technologie für viele andere Dinge genutzt werden kann, nicht nur für Kryptowährungen. Zu beachten ist die hohe Volatilität (extreme Ausschläge in der Bewertung nach oben und nach unten) sowie die Tatsache, dass diesem Asset keinerlei realwirtschaftliche Werte unterlegt sind. ‚Kryptos' steigen im Wert, weil viele glauben, dass sie weiter im Wert steigen.

Meine Einschätzung: Wer Kryptowährungen kauft, der sollte sich klar machen, dass er mit einem rein spekulativen digitalen Wert handelt. Das bedeutet nicht, dass sich in bestimmten Marktlagen nicht gute Gewinne erzielen lassen (besonders wenn Krypto-Freunde wie Donald Trump Einfluss haben und womöglich dafür sorgen, dass Staaten solche Werte halten). Kryptos sind mittlerweile Teil des Mainstreams und können, wie Gold Teil des Portfolios sein – wenn einem Achterbahnfahrten bei den Kursen keine Probleme machen.

Wir sehen an diesen Beispielen recht gut, dass ab einem gewissen Punkt aktives Verhalten und eigenes Gestalten wichtig wird, wenn Sie bestimmte Vermögensgrenzen überschreiten wollen. In der obersten Liga müssen Sie dann schon mitspielen und können nicht nur am Feldrand stehen. Dann müssen Sie sich für die großen Kapitalströme und Megatrends interessieren.

> „Dem Geld darf man nicht nachlaufen, man muss ihm entgegengehen", sagte einmal der Reederkönig Aristoteles Onassis (1906-1975).

An den beiden Problemen Daytrading und Kryptowährungen lässt sich aber zeigen, dass wir zum Vermögensaufbau oft andere Eigenschaften benötigen als zur Vermögensbewahrung. Von Cornelius Vanderbilt ist der Satz überliefert:

> „Jeder Idiot kann ein Vermögen machen; man benötigt aber Verstand, um es zu behalten."

Vergessen Sie also nie, dass nach der Phase des Vermögensaufbaus die des Vermögenserhalts kommen muss. Das ist deshalb wichtig, weil hier wieder andere Kompetenzen gefragt sind. Die Eigenschaften, mit denen Sie Vermögen aufbauen, sind nicht die Eigenschaften, mit denen Sie es mittel- oder langfristig erhalten. Es ist beispielsweise klug, seine Risikoeinschätzungen kritisch zu überprüfen, Laufzeiten und Anlagehorizonte zu korrigieren, aber auch über die Rechtsformen und institutionellen Regelungen nachzudenken, mit denen Sie Vermögen bewahren können. So greifen viele wohlhabende Menschen in der Phase des Vermögenserhalts beispielsweise zu Stiftungen. Aber auch wenn Sie nicht ein Vermögen zu sichern haben, das nach der Stiftungsform ruft, müssen Sie sich schon vorher Gedanken machen, ob eine GmbH oder eine andere Rechtsform Ihnen hilft, klug mit dem Erwirtschafteten umzugehen. Überlegen Sie, welche unternehmerisch-juristische Hülle Ihnen am meisten hilft.

Außerdem sollten Sie von Anfang an das Ende, d. h. Ihren Nachlass im Blick haben. An wen sollen welche Vermögenswerte in welcher Form gehen? Gerade wenn Sie vor allem in einer Firma Vermögen angesammelt haben, müssen Sie Nachfolgeregelungen genau ansehen – und frühzeitig. Ich betone das hier so ausdrücklich, weil es eben sehr oft nicht geschieht. Wir alle verdrängen den Tod und halten uns für unsterblich. Unzählig sind die Beispiele von Patriarchen, die nichts abgeben konnten und nach deren Tod (oder dem Beginn der Demenz bzw. Handlungs- und Entscheidungsunfähigkeit) die Erben mit mulmigem Gefühl die Akten durchsehen bzw. Nachlassverwalter zu retten versuchen, was zu retten ist. Spielen Sie also den „*worst case*" immer und immer wieder durch, unter veränderten Bedingungen.

Ein weiteres wichtiges Element des Vermögenserhalts finden wir im Bereich der Immobilien. Wenn Sie zu den zahlreichen Deutschen gehören, die große Teile ihres Vermögens in Versicherungen und Immobilien besitzen, dann beschäftigen Sie sich mit Modellen der Vermögensübertragung, zum Beispiel mit den Regelungen zum Nießbrauch. Mit diesem Instrument können Sie Eigentum übertragen, aber sich dennoch die Nutzung vorbehalten. Das Häuschen im Grünen gehört dann Ihren Kindern, kann aber von Ihnen noch bewohnt werden.

Zum Abschluss der wichtige Rat, sich die eigenen Schwächen einzugestehen und im Zweifelsfall oder bei grundlegenden Entscheidungen über größere Summen auch professionelle Unterstützung zu sichern. Es gibt eine große Auswahl von kleinen und großen **Vermögensberatern**, die Ihnen gerne helfen. Fragen Sie sich ehrlich: Ab wann brauchen Sie einen Vermögensberater?

Und beachten Sie bei der Auswahl dann ein paar Grundregeln:

- Ein seriöser Vermögensberater wird Ihnen transparent erklären, wieviel er bekommt, wofür das Geld ist und ob er noch andere Zahlungen (wie Provisionen) erhält. Lassen Sie sich das detailliert erläutern, bis Sie alles verstanden haben.
- Prüfen Sie, ob eine Registrierung bei der BaFin (Bundesanstalt für Finanzdienstleistungsaufsicht) oder der IHK (Industrie- und Handelskammer) vorliegt. Das lässt sich online schnell feststellen. Wenn die entsprechende Firma Mitglied im VuV (Verband unabhängiger Vermögensverwalter)[30] ist, dann wird sie automatisch von der BaFin beaufsichtigt.
- Achten Sie auf Qualifikationen, z. B. auf anerkannte Zertifikate wie CFP (Certified Financial Planner), CFA (Chartered Financial Analyst) oder IHK-Fachberater.
- Gespräche werden immer protokolliert und die Ergebnisse, die Sie in Kopie erhalten, sind kurz und klar festgehalten.
- Ein guter Vermögensverwalter wird sich bemühen, auf Ihre konkrete Situation einzugehen und nicht einfach ein Massenprodukt aus der Schublade ziehen. Allerdings kann es gute Gründe geben, ein gut eingeführtes Finanzprodukt zu verwenden (schon aus Kostengründen) – aber das wird der Berater dann erklären und einordnen.
- Niemals sollten Sie sich zu schnellen Entscheidungen, Vertragsabschlüssen oder Käufen drängen lassen. Ein seriöser Berater wird das nicht versuchen.

Bei diesen Entscheidungsprozessen können Sie auch sich selbst prüfen: Was traue ich mir zu und was möchte ich lieber abgeben? Wo fühle ich mich sicher? Lassen Sie sich Zeit damit, denn es geht um Sie und Ihr künftiges Leben.

30 www.vuv.de

6 Können Menschen dem Reichtum entgehen?

Mit dieser merkwürdigen Frage wollen wir über Urteile und Vorurteile sprechen, vor allem über Vorurteile, die unseren Blick auf Reichtum und Vermögen prägen. Dieses kürzere eingeschobene Kapitel soll aber ganz den Narrativen gewidmet sein, den Erzählungen, die uns prägen – und auch großen Einfluss auf die Entwicklung von Vermögen haben. Wir wollen prüfen, ob wir nicht oft ganz selbstverständlich Annahmen machen und „Wahrheiten" voraussetzen, die im Lauf der Zeit so tief verinnerlicht werden, dass sie unsere ganze Wahrnehmung und unser ganzes Verhalten prägen – ohne dass wir uns dessen wirklich bewusst sind. Wir können das am Beispiel der Selbstwahrnehmung der Bürgerinnen und Bürger der Bundesrepublik Deutschland behandeln und dann zu einem größeren Problem übergehen: dem Fortschrittsglauben.

Zur ersten Frage:

Ist es nicht für uns alle ganz selbstverständlich, dass in wachsenden marktwirtschaftlichen Gesellschaften die Vermögensbildung quasi naturwüchsig stattfindet?

Gerade die Geschichte der Bunderepublik Deutschland ist im Grunde die Geschichte eines unaufhaltsam scheinenden Vermögensaufbaus. Wir wurden einfach immer reicher.

> Das **Realeinkommen** der Menschen in der Bundesrepublik Deutschland hat sich seit der Gründung des Staates vervielfacht. In der Phase des „Wirtschaftswunders" von ca. 1950 bis 1973 sogar um rund 150 %! Und selbst in der sich abflachenden Konjunkturentwicklung seit 2010 können wir immer noch von 10 % Steigerung ausgehen.

Es standen immer mehr Mittel für die Vermögensbildung zur Verfügung. Mit Recht wurde darauf hingewiesen, dass hier auch eine Geldillusion vorlag, da wir zwar größere Summen zur Verfügung hatten, die Kaufkraft aber nicht immer im gleichen Umfang wuchs. Tatsächlich schätzen wir Geldentwertung oft völlig falsch ein und die Wirtschaftspsychologie zeigt uns, dass kaum ein Phänomen so gerne unterschätzt wird wie die Inflation.

Worauf es hier aber ankommt, das ist die Selbstwahrnehmung und unser eigenes Bild von dem Vermögen, das uns zur Verfügung steht bzw. zur

Verfügung stehen wird. Diese Selbstwahrnehmung war über lange Phasen der deutschen Nachkriegsentwicklung positiv. Erst in den letzten Jahren, vor allem nach der Corona-Krise begann dieses Selbstbild zu bröckeln. Lange Zeit war der Aufstieg selbstverständlich.

Und das hat uns in besonderem Maße geprägt. Die Wirtschaft als wachsendes System mit immer größerer Wohlstandsproduktion ist für uns eine Selbstverständlichkeit. Hinzu kommt, dass viele Menschen der Gegenwart, aber nicht nur der Gegenwart, der Fortschrittsillusion unterliegen. Der Fortschritt ist eine mächtige Kraft, an die wir aus vielen Gründen glauben wollen – übrigens eine Vorstellung, die die Gegner des markt- und eigentumsbasierten oder ‚kapitalistischen' Systems mit den Unterstützern verbindet. In beiden Lagern finden wir die Auffassung, dass ein immer weiteres Wachstum und eine Höherentwicklung möglich seien. Meist wird zur Unterstützung dieser Annahme ein Wachstumsprozess aus einem Bereich herausgegriffen und auf die Gesamtheit übertragen. Die Anzahl der Waren nimmt zu – und wir schließen auf wirtschaftlichen Fortschritt, die Anzahl der Patente nimmt zu und wir schließen auf kreativen Fortschritt... Dass praktisch jeder Fortschritt auch Elemente des Rückschritts und der Zerstörung beinhaltet (von natürlichen Lebensgrundlagen, aber auch von Lebensmodellen, Wissensbeständen usw.) geht nicht in die Gesamtrechnung ein.

Fortschritt und Höherentwicklung sind mächtige Grundannahmen und Rahmenvermutungen. Gerade im Vermögensbereich entgehen wir ihnen nur schwer, weil ja auch immer wieder der Wunsch der Vater des Gedankens bzw. der Prognose ist. Wenn es richtig ist, dass im Vermögen immer Potenzialität bzw. Entwicklungsfähigkeit stecken muss, dann ist der Zukunftsbezug auch gar nicht vermeidbar. Vermögen bezieht sich immer auf die Zukunft. Wir können es beschreiben als Voraussetzung der künftigen Einflüsse oder Geldströme. Diese Ströme werden gerne als ‚cashflow' bezeichnet. Das Vermögen ist also eine Art cashflow-Generator, wir können es über die Erwartungswerte der zukünftigen Zahlungen beschreiben. Übrigens werden auch Firmenwerte so beschrieben. Eine wichtige Form der Firmenwertbeschreibung ist die ‚Discounted-Cashflow-Methode' (DCF).

Und die bisherige Geistes- und Mentalitätsgeschichte der Bundesrepublik Deutschland ging von einem positiven und sich ständig steigernden Cashflow aus. Nach dem Krieg wurde durch den Wiederaufbau und verschiedene günstige Rahmenbedingungen (Marshall-Plan) bei der Einführung der Sozialen Marktwirtschaft ein Wirtschaftswunder mit dem Versprechen auf ständige Verbesserung geschaffen – das im Grund erst mit der Energiekrise der 1970er in Frage gestellt wurde.

Und daran haben wir uns gewöhnt, auch weil es angenehm mit der menschlichen Grundhoffnung zusammentraf, dass irgendwann alles besser sein würde. Dieses Motiv finden wir überall, in der christlich geprägten Geschichte des Abendlands als Hoffnung auf ein Leben nach dem Tode, in der Aufklärung als Hoffnung auf die Erziehung zur Mündigkeit. Wir denken unser Leben und unsere wirtschaftliche Existenz wegen dieser Hoffnungsgrundierung gerne in aufsteigenden Linien.

Warum erörtere ich das hier so ausführlich? Weil unsere Auffassung vom Vermögen, seiner Entstehung, seinen Eigenschaften und Bestandteilen, seinen Vor- und Nachteilen, vor dem Hintergrund der Fortschrittsannahme und der Hoffnung auf einen stetigen Aufstieg entwickelt wurde.

- Was aber, wenn das alles falsche Voraussetzungen sind und nichts davon in der Zukunft existieren kann?
- Was ist, wenn wir schon aus ökologischen Gründen nicht eine permanente Verbesserung erleben können?
- Oder was denken wir über das Vermögen, wenn wir erkennen, dass unser Wirtschaftssystem strukturell krisenanfällig ist und wir eben nicht nur Weiterentwicklungen erleben können, sondern große Rückschläge, tiefe Rezessionen und erheblichen Vermögensverlust?
- Was geschieht mit unserem Bild von Vermögen, wenn sich die Aufwärtsgeschichte in eine Seitwärtsbewegung verwandelt?
- Haben wir dafür das richtige ‚mindset'?

Denn die Geschichte der Vermögen ist auch eine Geschichte der großen Verluste und der enttäuschten Hoffnungen. Vermögen werden geschaffen (oft langsam) und dann wieder verschleudert (manchmal sehr schnell):

> „Die erste Generation schafft Vermögen, die zweite verwaltet Vermögen, die dritte studiert Kunstgeschichte, und die vierte verkommt vollends" (Otto von Bismarck).

Mit dem Namen Vanderbilt verbindet sich beispielsweise ungeheurer Wohlstand und eine kaum vorstellbare Prachtentfaltung – hier empfiehlt sich für USA-Reisende der Besuch auf einem wirklich eindrucksvollen Anwesen: Biltmore in der Nähe von Asheville, North Carolina. Das war der Wohnsitz von George Washington Vanderbilt II., der ihn 1888-1895 im Stile eines Renaissanceschlosses errichten ließ. Lange war dies das größte private

Haus in Nordamerika. Eine ganze Landschaft wurde umgestaltet, Berge abgetragen und Wälder angelegt, nur um den Ausblick aus dem Milliardärsschloss angenehm zu gestalten. Doch dieser sagenhafte Luxus ist Teil einer Gesamtgeschichte, die eher eine Abstiegsgeschichte ist. Die Erben haben mehr ausgegeben als eingenommen, keine großen unternehmerischen Talente traten auf und so zerrann den Nachkommen nach und nach alles zwischen den Fingern. Von dem Vermögen der Vanderbilts ist nur sehr wenig übriggeblieben. Wer sich dafür interessiert, der kann sich einmal die Berichte des CNN-Journalisten Anderson Cooper ansehen, dessen Mutter den Namen Gloria Vanderbilt trug und der über die Entwicklung der Familie viel aus eigener Anschauung weiß.

Und so könnten wir viele klangvolle Namen anführen. Wie tief reichen die Wurzeln der gegenwärtigen Vermögen in die Vergangenheit? Das können wir übrigens auch bei Unternehmen fragen. Welche großen Industriekonzerne oder Handelskonglomerate überleben 50, 100 oder gar 150 Jahre? Das wird gerne als Argument gegen die Thesen zur Konzentration und zum Machterhalt durch wirtschaftliche Macht angeführt: nur sehr wenige der Firmen, die zu Marx‘ Zeiten auf dem Börsenzettel standen, existieren heute noch, geschweige denn, dass sie ihre starke Marktstellung behauptet hätten. Wir erleben einen ständigen Fluss des Aufs und Abs, eine unaufhörliche Neuschaffung von Vermögen und Armut. Und bei den Firmen- oder Privatvermögen, die sich erhalten haben, lag es oft an einer machtvollen Erzählung, einem Familienethos, einem wirkungsvollen Narrativ, das ansporte und der Entwicklung Sinn gab. Vermögen hat immer mit Geschichte, sehr oft auch mit Geschichten zu tun.

7 Asymmetrien: der große Unterschied

Bei aller Bewegung in den Einkommens- und Vermögensverhältnissen scheint die historische Tatsache doch festzustehen, dass es diese Unterschiede zwischen Arm und Reich gibt. Radikal egalitäre Gesellschaften, also solche, in denen jeder Vermögensunterschied sofort nivelliert wurde, sind außerordentlich selten. Sie existierten immer nur kurze Zeit und dann nur innerhalb bestimmter abgegrenzter Bereiche. Aber als Traum kehren sie immer wieder. Im Land Utopia gibt es keine Steuerberater und keine Vermögensverwalter. Das Paradies stellen wir uns meist als Schlaraffenland mit großer Verteilungsgerechtigkeit und möglichst gleicher Lebensqualität vor. Irgendwie setzen sich aber Ungleichheiten und soziale Hierarchien in der realen Welt immer durch – und irgendwie fühlen sich viele Menschen nicht recht wohl damit. Und sie projizieren das gerne auf reiche Menschen, denen sie allerlei Eigenschaften geben. Abb. 3 zeigt, wie Menschen mit Vermögen beurteilt werden.

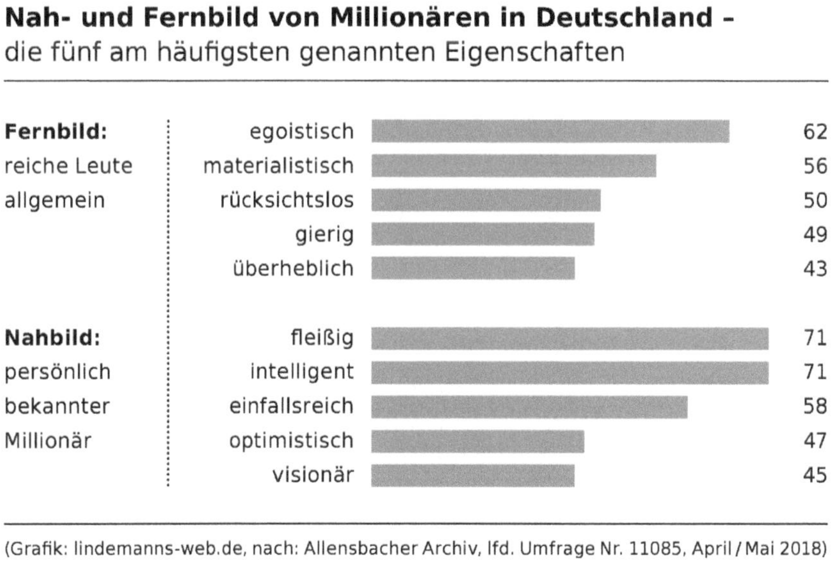

Abb. 3: Eigenschaften von Millionären

Wir nehmen vermögende Menschen auf eine besondere Weise wahr. Warum aber ist mit der Frage der Vermögensverteilung oft ein moralisches Unwohlsein verbunden? Wir stellen fest, dass in fast allen industrialisierten Ländern große Bevölkerungsgruppen dem Reichtum oder Vermögen bzw. vor allem den Reichen und Vermögenden nicht positiv gegenüberstehen. Besonders verbreitet ist diese Ablehnung in Ländern wie Frankreich und Deutschland.[31]

Was könnte uns denn daran stören, dass bestimmte Menschen über viele materielle Werte verfügen, womöglich über solche, die nicht nur angenehmen Alltagskonsum und Bequemlichkeit ermöglichen, sondern auch allgemein etwas bewirken, Unternehmungen begründen, Entwicklungen anstoßen usw.? Ist es Neid? Haben wir ein Gefühl der Ungerechtigkeit? Unterstellen wir, dass reiche Menschen auf unmoralische Weise zu ihrem Besitz gelangt sind? Warum sollte Reichtum schädlich oder schlicht böse sein?

Moralisch fragwürdig wird Vermögenskonzentration für Menschen aus verschiedenen Gründen. Ich will das unter drei Überschriften behandeln:

- Nullsummenspiel
- Unverdienter Wohlstand
- Ökologische, politische und soziale Folgekosten

7.1 Nullsummenspiel

Grundsätzlich geht es um die Gerechtigkeit. Gäbe es die Armut nicht, dann wäre Reichtum für uns kein Problem, oder? Uns irritiert das Vermögen mancher Menschen meist dann, wenn wir es mit der Armut anderer Menschen in Verbindung bringen. Dieser Kontrast macht uns Probleme. Wir wollen nicht, dass der Reichtum der einen Gruppe den Aufstieg der anderen Gruppe behindert. Der frühere Verfassungsrichter Udo di Fabio hat das für seine eigene Aufstiegsgeschichte in einem Interview aufgegriffen: „... der Reichtum anderer Leute stand mir nie im Wege.“ [32]

---

31 Siehe bspw. Rainer Zitelmann, Die Gesellschaft und ihre Reichen. Vorurteile über eine beneidete Minderheit, München (FinanzBuch) 2019

32 Nils Goldschmidt / Rainer Kirchdörfer / David Deißner, Gerechtigkeit. Wie wir unsere Gesellschaft zusammenhalten, Freiburg i.Brsg. (Herder) 2025, S. 186

Schon früh stellen sich Jugendliche die Frage: Ist es eigentlich in Ordnung, dass manche reich und andere arm sind? Besonders drängend wird diese Frage, wenn die Vermutung auftaucht, dass die einen deshalb reich sind, *weil* die anderen arm sind. Eine klassische Form hat das in dem Bertolt Brecht-Gedicht von 1934 gefunden:

„Reicher Mann und armer Mann
standen da und sahn sich an.
Und der Arme sagte bleich:
„Wär' ich nicht arm, wärst du nicht reich"[33]

Diese Auffassung von der Reichtumsverteilung kann als ‚Nullsummenspiel' bezeichnet werden: Was der eine gewinnt, das verliert der andere, die Gesamtsumme bleibt immer die gleiche. Wir gehen dann davon aus, dass die Größe des Kuchens begrenzt ist und einer nur mehr vom Kuchen bekommen kann, wenn die Stücke für die anderen kleiner werden. Was ich habe, das habe ich also in irgendeiner Weise jemandem weggenommen.

Das ist eine Voraussetzung, die für statische Gesellschaften mit gleichbleibenden Produktions- und Verteilungsverhältnissen unter Bedingungen der Knappheit auch vollkommen richtig ist. Für die Vergangenheit können wir sogar sagen, dass dieses Nullsummenverständnis viele wirtschaftliche Verhältnisse in zurückliegenden Zeiten korrekt beschrieben hat.

Die entscheidende Frage ist nun, ab wann und in welchem Umfang das Nullsummenspiel nicht mehr galt, da Gesellschaften produktiver wurden und unter bestimmten Umständen ständig besser und mehr zur Verfügung stellen konnten – durch Arbeitsteilung, technischen Fortschritt, internationalen Austausch etc. Dem Nullsummenspiel steht also ein Wachstumsmodell gegenüber – und meist gehen wir in wirtschaftsgeschichtlichen Darstellungen davon aus, dass mit Beginn der Industrialisierung das Wachstum flächendeckend eingesetzt hat. Relativ klar zeigen lässt sich das am Wachstum der Bevölkerung wie in der folgenden Grafik (Abb. 4) dargestellt. Eine produktivere Wirtschaft konnte immer mehr Menschen ernähren.

33 Bertolt Brecht, Deutsche Kriegsfibel, 1934

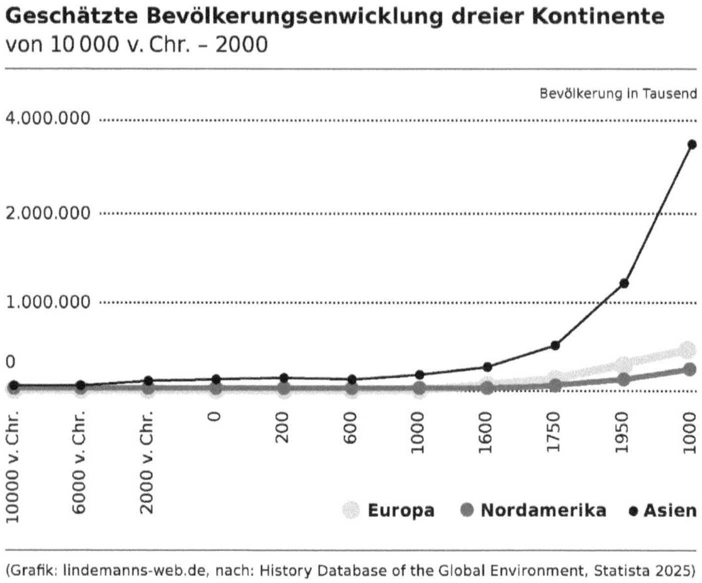

Abb. 4: Geschätzte Bevölkerungsentwicklung

Die beiden Modelle des Wirtschaftsverständnisses, die auch oft als ‚statisch gegen dynamisch' beschrieben werden, sind in vielerlei Weisen in der Diskussion um Ethik und Vermögen gegenwärtig.

- Zum einen wird von unterschiedlichen Lagern behauptet, dass ‚ihr' Modell das wesentliche sei und es die meisten ökonomischen Vorgänge erklären könne.
- Zum anderen wird aber auch für verschiedene Sektoren oder Branchen untersucht, ob hier ein Nullsummenspiel oder ein Wachstumsmodell vorliegt.

Ein Schlüsselfaktor zur Klärung dieser Frage ist die Produktivität. Wenn eine Wirtschaft regelmäßig mehr erwirtschaftet als in sie hineingesteckt wird, dann gibt es eben immer mehr zu verteilen. Und hier fällt schnell auf, dass eine Gesellschaft immer aus (materiell) hochproduktiven und weniger produktiven Bereichen besteht. Und je nachdem, welchen Bereich wir für maßgeblich halten (oder besonders gut kennen) – so schätzen wir auch das Gesamtsystem ein. Allerdings sollten wir nicht den Fehler begehen, materielle oder ökonomische **Produktivität** für die einzig relevante zu halten. Krankenhäuser oder Theater haben unter Umständen eine weniger eindrucksvolle wirtschaftliche Produktivität als Software-Firmen, können aber für die Menschen und die Gesamtgesellschaft unter Umständen erheblich wichtiger sein. Es stellt sich immer die Frage, was wir warum wie effizient erzeugen wollen.

Eine Anekdote über einen der Gründerväter der Sozialen Marktwirtschaft, Wilhelm Röpke, illustriert das schön: Er ging eines Tages mit seinem Kollegen Ludwig von Mises, Vertreter eines klassischen Liberalismus, durch eine Schrebergartensiedlung. Bei ihrem Anblick sagte von Mises: „Unproduktive Art von Gemüseproduktion!“ Röpke erwiderte: „Höchst produktive Art von Glücksproduktion!“ [34]

Nicht nur für Vermögensfragen ist die Schlüsselfrage der Produktivität und Innovation von Bedeutung.

- Welche Formen des Wirtschaftens erzeugen Neues?
- Und was macht diesen Erzeugungsprozess möglich?

Im Grunde ließe sich eine ganze ökonomische Ideengeschichte nur um diesen Punkt herum schreiben. Wir können Ökonomien nach der Form und Entwicklung der Produktivität klassifizieren. Ältere Schulen der ökonomischen Theorie haben die zentralen produktiven Sektoren benannt wie z. B. die Landwirtschaft bei den Physiokraten. Andere haben Faktoren der Produktivitätssteigerung zu beschreiben versucht, sei es der technische Fortschritt oder das unternehmerische Genie.

Wenn wir das noch einmal ausweiten wollen, dann können wir fragen, wie überhaupt Neues in die Welt kommt – an Stoffen und Materie, aber auch an Ideen und Konzepten. Das würde hier zu weit führen – aber vielleicht sollten wir für den engeren ökonomischen Produktivitätszuwachs in Zeiten der ökologischen Krise schon festhalten, dass Neuproduktion in einem gegebenen begrenzten Ressourcenrahmen stattfindet. Und wir können auch an die physikalischen Gesetze der Thermodynamik denken, die nahe legen, dass Umwandlung stattfindet, wo wir Neuschöpfung vermuten. Was entsteht wirklich und was wird nur umgewandelt wie die Energie, die in immer wieder neuer Form auftritt?

---

34 Zitiert nach Hans Jörg Hennecke, Wilhelm Röpke. Ein Leben in der Brandung, Stuttgart (Schäffer Poeschel) 2005

7.2 Unverdienter Wohlstand

Aber wenden wir uns wieder dem Unwohlsein mit finanziellen Asymmetrien zu. Der nächste Bereich des ethischen Störgefühls ist die Frage nach dem unverdienten Wohlstand. In jeder Reichtums- oder Vermögenskritik kommt der Hinweis auf Erbinnen und Erben vor. Es wird als erheblicher moralischer Skandal empfunden, dass einige durch die ‚**Erbschaftslotterie**' mit ganz anderen Voraussetzungen starten als andere. Wirklich große Vermögen, so die oft gehörte Vermutung, kann man sich nicht erarbeiten. Und es wird als falsch empfunden, dass einige Personen sich überhaupt nicht anstrengen müssen um ein schönes, sicheres und materiell gut versorgtes Leben zu führen.

Je nach Grundeinstellung oder auch politischer Meinung wird die Gruppe der reichen Erbinnen und Erben dann kleiner oder größer dargestellt. Während linke Aktivisten manchmal so tun, als wäre jedes Vermögen durch Erbschaft oder Lotteriegewinn entstanden, richtet sich die Empörung von der anderen Seite darauf, dass Menschen wegen ihres selbst geschaffenen Wohlstands denunziert und beleidigt werden. Markliberale gehen ohnehin davon aus, dass die meisten Wohlhabenden für ihren Status hart gearbeitet haben und dass wir vielmehr das Leistungsethos stärken sollten, anstatt Neid und Missgunst zu schüren.

Können wir mit einigen Zahlenangaben für ein klares Bild sorgen? Was sagt die Statistik? Leider ist das gar nicht so genau zu sagen. Zum einen liegt das daran, dass in Deutschland die Reichen viel schlechter erforscht sind als die Armen. Wir wissen mehr über arbeitslose Menschen und Bürgergeld-Empfänger und Bürgergeld-Empfängerinnen als über Milliardäre. Versuchen wir dennoch eine Annäherung.

> Dazu müssen wir Studien aus den verschiedensten Bereichen heranziehen. In einer aktuellen **Studie von Oxfam** wird gesagt, dass 71 % der Milliardäre der Bundesrepublik ihr Vermögen hauptsächlich durch Erbschaften erhalten haben. Im internationalen Vergleich, so Oxfam wäre dieser Anteil besonders hoch – weltweit liegt der Durchschnitt bei etwa 36 %. Dem Bericht kann man auch entnehmen, dass Deutschland derzeit (2024) 130 Milliardäre hat. Oxfam beschäftigt sich regelmäßig mit den Reichen und Superreichen – vor dem Hintergrund einer klaren Agenda. Der letzte Bericht ist unter dem Titel „Milliardärsmacht beschränken,

Demokratie schützen“[35] erschienen. Vielleicht können wir den Oxfam-Bericht – trotz der gelegentlichen Kritik an der Methodik und an der ideologischen Einseitigkeit – als erste Annäherung benutzen und mit kritischen Fragen weiterentwickeln. Ein Ansatz ist natürlich die Frage: Wer ist reich? Sollten wir wirklich auf die kleine Gruppe der Milliardäre schauen? Oder sollten wir nicht besser die Gruppe der Millionäre ansehen, die 2024 in Deutschland immerhin 1,605 Millionen Menschen umfasste? Wäre es noch besser, auch diejenigen einzubeziehen, die zwischen 500.000 Euro und einer Million besaßen – nach normalen Maßstäben auch noch recht wohlhabende Menschen...? Wie sieht es mit den Steigerungsraten aus? Die Gruppe der Milliardäre ist 2024 etwas größer geworden (um 9 Personen), die der Millionäre aber geschrumpft (um 41.000 Personen). Haben die Millionäre schlecht vererbt?
Überlegungen von einer ganz anderen Seite als Oxfam stellt der Historiker und Soziologe **Rainer Zitelmann** an. Er wiederum kommt zum Schluss, dass viele von ihnen ihr Vermögen durch Unternehmertum und nicht durch Erbschaften aufgebaut haben. In seinen Studien und Büchern beschreibt er, dass die meisten Superreichen aus der Mittelschicht stammen und ihr Vermögen durch unternehmerisches Denken, Risikobereitschaft und eine besondere mentale Einstellung erworben haben.[36] Er hebt hervor, dass Familienreichtum, aber auch Bildung allein nicht entscheidend für finanziellen Erfolg ist, sondern vielmehr Eigenschaften wie Durchhaltevermögen, die Fähigkeit, gegen den Strom zu schwimmen, und eine positive Einstellung gegenüber Rückschlägen etc.
Ein solches Mindset aber, so der Elitenforscher **Michael Hartmann**, wird eben auch „vererbt“, d. h. in bestimmten Familien eingeübt und weitergegen, außerdem durch Netzwerke stabilisiert. Neben den ökonomischen Datenpunkten sind also auch die Einstellungen und psychologischen Voraussetzungen wichtig, um die Asymmetrien zu verstehen. Denn wir sehen die Gesellschaft, in der wir leben, gerne als „Meritokratie“ an – als ein Sozialgefüge, in dem wir durch Leistung aufsteigen.

---

35 Milliardärsmacht beschränken, Demokratie schützen | Oxfam Deutschland
36 Zitelmann, Die Gesellschaft und ihre Reichen, a.a.O.

Die klassische amerikanische Aufstiegsformel dafür ist:

„Work hard and play by the rules!"

Davon, dass wir glauben, dass wir mit harter Arbeit und damit, dass wir uns an die Regeln halten, weit kommen können, hängt viel bezüglich der Akzeptanz unseres politischen und wirtschaftlichen Systems ab. Deswegen ist es richtig, der Frage, ob Vermögen durch Erbschaft entsteht, intensiv nachzugehen. Wegen der Frage, ob Wohlstand auch verdient ist, wird die Debatte um die Erbschaftssteuer auch immer wieder aufleben. So wie es die einen als Skandal empfinden, dass die Kinder reicher Eltern ein völlig anderes Leben führen können, mit ganz anderen Lebenschancen – so werden die anderen das Recht auf Eigentum und Vererbung verteidigen. „Meine Kinder sollen es einmal besser haben" scheint ein mächtiges Narrativ zum Antrieb beim Vermögensaufbau zu sein. Offensichtlich sind die Länderunterschiede: in den USA beispielsweise findet sich in der Gruppe der 10 reichsten Personen keine einzige, die ihren Reichtum einer Erbschaft verdankt.[37] Hingegen findet sich in der Gruppe der zehn reichsten Franzosen niemand, der nicht von wohlhabenden Vorfahren profitiert hätte. Interessanterweise korreliert das mit der Akzeptanz der Reichen im jeweiligen Land (Abb. 5)

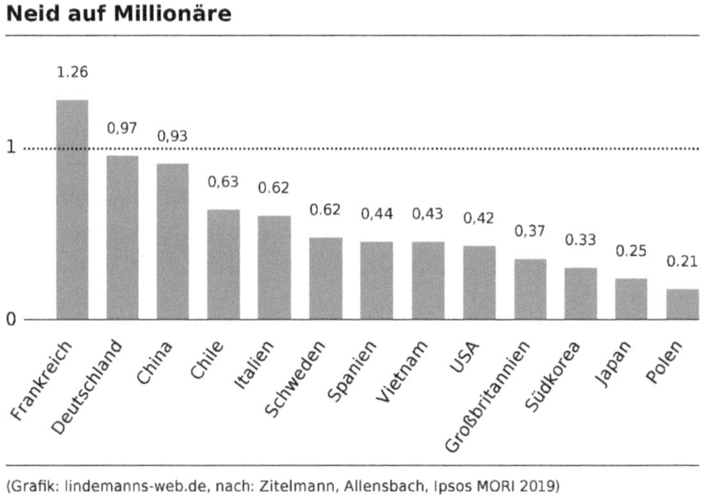

Abb. 5: Können wir uns die Reichen noch leisten?

37 Forbes-Liste 2024

7.3 Ökologische, politische und soziale Folgekosten

Ein weiterer Faktor verdient unsere Aufmerksamkeit: Welchen Nutzen und welchen Schaden richten die Wohlhabenden an? Die ökologischen, politischen und sozialen Folgekosten des Reichtums werden von verschiedenen Gruppen thematisiert – oft unter der Überschrift: *„Können wir uns die Reichen noch leisten?"*

Gemeint ist, dass ein luxuriöser Lebensstil zum Beispiel die Natur schädigt (durch einen hohen CO2-Ausstoß, durch extremen Wasser- und Energieverbrauch...). Zum Symbol für diese Abschottung bei gleichzeitiger Umweltverschmutzung und Ressourcenübernutzung sind die großen Yachten, Super- oder Megayachten, geworden, die sich eine kleine Vermögenselite leisten kann.[38] Aber auch die Frage, ob reiche Menschen die Gesellschaft in eine falsche Richtung verändern, wird gestellt.

- Ist es gut, dass teure Privatschulen bestimmte soziale Gruppierungen aus dem öffentlichen Schulsystem fernhalten?
- Ist es richtig, dass sich wohlhabende Menschen ein eigenes Gesundheitssystem aufbauen können, ein eigenes Verkehrswesen?

Solche Kritik hat mehrere Dimensionen: zum einen wird befürchtet, dass die reichen Schichten einen speziellen Autismus entwickeln, eine Unfähigkeit, die Probleme der Welt und der Mehrheit überhaupt noch wahrzunehmen. Wer nie öffentliche Verkehrsmittel benutzt, der sieht vielleicht irgendwann nicht mehr ein, warum so etwas überhaupt finanziert werden sollte. Zum anderen wird befürchtet, dass den nichtreichen Menschen massive Probleme entstehen, wenn die Wohlhabenden sich aus der Verantwortung verabschieden.

Als besonders abschreckendes Beispiel werden lateinamerikanische Staaten genannt, in denen kleine Gruppen reicher Menschen in ihren abgeschotteten *„gated communities"* leben. Es gibt dann nur noch sehr beschränkt geteilte soziale Realitäten und auch in der Ökonomie macht sich diese Spaltung deutlich bemerkbar, z. B. durch geringere Innovation und Produktivität. In sehr ungleichen Gesellschaften wird weniger gegründet.

Sehen wir uns die **Asymmetrien** genauer an. Es gibt einen verbreiteten Maßstab dafür, den sogenannten **Gini-Koeffizienten**. Der Gini-Koeffizient

---

38 Dies wird am Beispiel großer Yachten dargestellt in dem 2022 im Suhrkamp-Verlag erschienenen Band „Superyachten. Luxus und Stille im Kapitalozän" von Grégory Salle und Ulrike Bischof.

wurde nach dem italienischen Statistiker, Demographen und Soziologen Corrado Gini (1884-1965) benannt und misst die materiellen Ungleichheiten in einer Gruppe. Die Skala reicht dabei von 0 (völlige Gleichheit, keine Unterschiede beim Besitz von Gütern) bis 1 (Totale Ungleichheit, Konzentration aller Güter bei einer Person). Diese einfache Grundfigur lässt sich nun vielfach differenzieren: nach Ländern oder Regionen, Einkommensunterschieden und Vermögensunterschieden, einzelnen Milieugruppen etc.

> Für Deutschland wird 2024 ein **Gini-Koeffizient** beim verfügbaren Einkommen von 0,29 angegeben, damit liegt das Land im oberen Drittel, was Einkommensgleichheit betrifft. Die Enden der Skala werden von Südafrika (0,63) und Namibia (0,59) auf der einen Seite, bei den sehr ‚ungleichen' Ländern und der Slowakei und Slowenien (jeweils 0,24) auf der anderen Seite bei den ‚gleichen' Staaten markiert. Hier geht es aber nun nur um die Einkommensverteilung, bei der Vermögensverteilung sieht das Bild etwas anders aus. Weltweit liegen die Gini-Koeffizienten für das Vermögen höher und in Deutschland stellt sich das nach einer Studie der Bundesbank[39] so dar, dass in punkto Vermögen der Gini-Koeffizient bei 0,72 liegt. Wir sehen daran, dass in der Bundesrepublik durch steuerliche Maßnahmen eine höhere Einkommensgleichheit hergestellt wird, aber die Vermögensungleichheit doch beachtlich ist.

Es gibt vielfältige Diskussionen darum, wie stark in den einzelnen Ländern und weltweit nun die Vermögensungleichheit ist – und welche Folgen sie hat. Berühmt geworden ist das Buch „*Le capital aux XXI. Siècle*",[40] in dem der französische Ökonom **Thomas Piketty** die These aufstellt, dass in unserem Wirtschaftssystem notwendigerweise die Reichen immer reicher werden und dass dieser Wachstumsprozess aus strukturellen Gründen über dem des Wachstums der Realwirtschaft liegt. Piketty stellt[41] aus einer Fülle von historischem Material Reihen der Vermögensentwicklung auf, beschreibt

39 Nachzulesen auf der Homepage www.bundesbank.de, die ohnehin einen Besuch lohnt.

40 Dtsch. „Das Kapital im 21. Jahrhundert", München (C.H. Beck) 2014

41 Mit einer Methodik, die in der Fachwelt auch immer wieder kritisiert wurde, z. B. in: Ulrich Horstmann, Alles, was Sie über Das Kapital im 21. Jahrhundert von Thomas Piketty wissen müssen, München (FinanzBuch) 2014, oder in: Christoph Deutschmann, Piketty und die Zukunft des Kapitalismus, in: Ders., Trügerische Verheißungen: Markterzählungen und ihre ungeplante Folgen, Berlin / New York (Springer) 2020.

Muster der Vermögensbildung und fasst seine Hauptthese am Ende des Buches so zusammen:

> „Die allgemeine Lehre, die sich aus den untersuchten Daten ziehen lässt, ist die, dass die Dynamik einer auf Privateigentum beruhenden Marktwirtschaft, wenn sie sich selbst überlassen bleibt, machtvolle Konvergenzkräfte freisetzt, die namentlich in der Verbreitung von Kenntnissen und Fähigkeiten liegen, aber auch machtvolle Divergenzkräfte, die unsere demokratischen Gesellschaften und jene soziale Gerechtigkeit bedrohen, die zu ihren Legitimationsgrundlagen zählt.
> Die mächtigste und destabilisierendste Kraft liegt in der Tatsache, dass die private **Kapitalrendite r** dauerhaft sehr viel höher sein kann als die Wachstumsrate des Einkommens und der **Produktion g**.
> Die **Ungleichheit r > g** sorgt dafür, dass Vermögen, die aus der Vergangenheit stammen, sich schneller rekapitalisieren, als Produktion und Löhne wachsen. In dieser Ungleichheit spricht sich ein fundamentaler Widerspruch aus. Je stärker sie ausfällt, umso mehr droht der Unternehmer sich in einen Rentier zu verwandeln und Macht über diejenigen zu gewinnen, die nichts als ihre Arbeit besitzen. Wenn es einmal da ist, reproduziert Kapital sich von selbst – und zwar schneller als die Produktion wächst. Die Vergangenheit frisst die Zukunft."[42]

Damit untermauert Piketty einen Generalverdacht und fasst die Befürchtungen derjenigen zusammen, die etwas faul finden am vorherrschenden Wirtschaftsmodell. Für dieses Denken steht auch die schon erwähnte Oxfam-Statistik bzw. ihr Ungleichheitsbericht „Milliardärsmacht beschränken, Demokratie schützen".[43] In zahlreichen Bewegungen war das das Grundempfinden, das die Menschen antrieb, besonders nach der Finanzkrise 2007/2008, als Ängste vor einem Zusammenbruch des Geld- und Finanzsystems verbreitet waren. Die soziale Bewegung „Occupy Wall Street" mit ihrem Slogan „We are the 99%" thematisierte genau den Gegensatz zwischen wenigen Reichen und vielen Armen, oft mit Bildern einer selbstgefälligen und abgehobenen Vermögenselite.

Wer einen anderen Blick auf die Vermögenden werfen möchte, der sollte sich mit den Arbeiten des schon erwähnten Soziologen und Historikers **Rainer Zitelmann** beschäftigen. In seiner Untersuchung ‚*Die Gesellschaft und*

42 Piketty, Das Kapital im 21. Jahrhundert, S. 785f.
43 Informationen dazu auf: www.oxfam.de

ihre Reichen'[44] beschreibt er anhand von empirischen Untersuchungen die Einstellungen gegenüber Reichen. Er zeigt auch auf, wo Fehlinformationen sich mit Sozialneid oder politischer Programmatik mischen, beschreibt viele Vorbehalte gegenüber den Reichen als Klassismus. Indem wir eine verzerrte Sicht auf die reichen Menschen unhinterfragt tradieren, missverstehen wir auch unsere Gesellschaft und ihre Möglichkeiten, so eine These Zitelmanns. Seine Haltung steht in einer ganzen Tradition des marktfreundlichen Denkens, für die beispielhaft Ludwig von Mises herausgegriffen werden kann. Wenn wir die vermögenden Schichten besser verstehen wollen und ihre soziale Rolle einschätzen, wenn wir die Symmetrien und Asymmetrien verstehen möchten, dann ist es vermutlich klug, diesen langen Weg mit dem Oxfam-Bericht und Thomas Piketty in der einen Hand sowie Rainer Zitelmann in der anderen anzutreten.

Wenn wir uns so um Ausgewogenheit bemühen, dann können wir vielleicht auch besser verstehen, was es mit der These auf sich hat, dass die gesellschaftliche und wirtschaftliche Mittelschicht in Deutschland abnimmt bzw. zwischen Reichen und Armen zerrieben wird.

> Um das „**Verschwinden der Mitte**" zu verstehen, gibt es verschiedene Herangehensweisen. Wir könnten danach fragen, wer sich zur Mittelschicht zählt. Das sind seit vielen Jahren verlässlich ungefähr 80 %. Wir könnten aber auch Ulrike Herrmann folgen, die die Entwicklung so beschreibt, dass beispielsweise zwischen1998 und 2008 der Anteil der Mittelschicht von 64,3 %auf 58,7% geschrumpft sei.[45]
> Eine Studie des Roman Herzog Instituts wiederum widerspricht dem und führt aus, der Anteil der Mittelschicht an der Gesamtgesellschaft sei seit 1993 relativ konstant: Er pendele zwischen 60 und 67 Prozent. Das sei angesichts der internationalen Entwicklungen, wo wir in vielen Ländern (z. B. in Großbritannien) einen Niedergang der bürgerlichen Mittelschichten erleben, ein bemerkenswert positiver Wert. Und im Krisenjahr 2009 sei es sogar zu einer gegensätzlichen Entwicklung gekommen: Während der Anteil der Haushalte mit hohen Einkommen abnahm, konnte der deutsche Sozialstaat die unteren Einkommens-

44 Rainer Zitelmann, Die Gesellschaft und ihre Reichen. Vorurteile über eine beneidete Minderheit, München (FinanzBuch) 2019

45 Ulrike Herrmann, Hurra, wir dürfen zahlen – Der Selbstbetrug der Mittelschicht, Frankfurt am Main (Westend) 2010[5]

> schichten weitgehend vor den negativen Auswirkungen der Finanz- und Wirtschaftskrise schützen. Insgesamt hätte dies zu einer Zunahme der Mittelschicht um 0,6 Prozent geführt.

Unabhängig davon, wie wir die sozialen Dynamiken sehen und ob wir glauben, die Mitte schrumpfe oder wachse – die Frage bleibt berechtigt:

Welche Rolle spielt das Vermögen in einer Gesellschaft und welche sollte es spielen?

Das ist gerade so wesentlich, weil eine Mittelstandsgesellschaft eine andere Art von Vermögensbildung ermöglicht als eine stark polarisierte Gesellschaft.

Es ist also wichtig, die Symmetrien und Asymmetrien zunächst einmal zu beschreiben, ohne gleich umfassende moralische Verurteilungen auszusprechen – auch und gerade, wenn wir Menschen nicht nur als ökonomische Faktoren betrachten, sondern als Wesen mit Würde. Wir haben das Verhältnis von Armen und Reichen hier kurz angesprochen, die Strukturen der sozialen Unterschiede und der Gegensätze, und können nun unsere eigenen Schlüsse ziehen. Was das alles ethisch bedeuten könnte, das wollen wir im nächsten Kapitel ansehen.

8 Ethik des Vermögens - Mehr als ein Schlusskapitel

Wir wollen nun noch einen Blick auf die ethischen Fragen, die sich mit dem Vermögen verbinden, werfen. Und zwar beginnen wir das, indem wir uns mit dem Gegenteil von Vermögen beschäftigen, mit Armut.

Wir alle kennen arme Leute. Oder? Und kennen wir diese armen Leute wirklich? Es gibt verschiedene Formen von Armut, auch bei Menschen, die vieles haben. Reiche Arme sind so häufig wie arme Reiche.

Ich will ein **Beispiel für einen wirklich armen Menschen** nennen, den ich gekannt habe. Ich tue das nicht, um jemanden bloßzustellen und habe alle Informationen so abgewandelt, dass er nicht erkannt werden kann. Aber ich glaube, sein Beispiel zeigt, was echte Vermögensbildung ist – und was nicht. Vor allem zeigt es aber, was eine ethische Reflexion über Vermögensfragen leisten kann.

Der Mensch, an den ich hier denke, kam aus „guten Verhältnissen“, aus der oberen Mittelschicht. Die Eltern hatten einen erfolgreichen Handwerksbetrieb, es gab noch eine Schwester. Alle lebten auf dem Wohlstandsniveau der oberen Mittelschicht mit gelegentlichen Ausflügen in den Luxus. Während seines ganzen Lebens war er materiell vermögend, nach einer Ausbildung Inhaber der elterlichen Firma, angesehenes Mitglied im lokalen Fußballverein, verheiratet mit Kindern. Und doch – trotz aller äußeren Vorteile und einer materiellen Versorgung, die andere Menschen vielleicht neidisch gemacht hat: er war ein armer Tropf, immer getrieben und unzufrieden, misstrauisch und kleinlich. Der Arme, an den ich hier denke, war immer ein Angeber und „Namedropper“ – es war mit Händen zu greifen, dass er um Anerkennung bettelte. Und viel von dieser Anerkennung versuchte er sich zu kaufen. Statussymbole waren wichtig, das öffentliche Image zählte – so sehr, dass eine Ehe zerbrach. Als Kind und Jugendlicher aggressiv geltungssüchtig und brutal gegen Schwächere – als Erwachsener voller Angst und Depressionen, sehr darauf bedacht, mithalten zu können. Nach seinem frühen Tod wurde das Unternehmen verkauft und es stellte sich heraus, dass er sehr wenig Vermögen gebildet hatte. Zuviel Geld war in den Konsum geflossen, auch in teure Reisen und große Autos. Die Lebensweise seiner Familie wurde nach seinem Tod notgedrungen eher bescheiden, noch verschlechtert durch unschöne Erbschaftsstreitigkeiten. Er hatte in der Familie keine Verbundenheit und keinen Gemeinschaftssinn geschaffen, nur das Beispiel eines Menschen gegeben, der viel hat und mehr haben möchte.

Was lernen wir aus einem solchen Leben? Wie kann es uns die ethischen Dimensionen des Vermögens deutlicher machen? Wir wollen dabei nicht vorschnell moralisch urteilen: Wofür Menschen ihr Geld ausgeben – für Reisen, Autos, Comics, Fußballspiele, edle Weine oder seltene Münzen – das sollten wir nicht ‚von oben herab' bewerten, weil wir einen Verwendungszweck fragwürdig finden. Menschen sind verschieden, ihre Vorlieben und Geschmäcker, ihre Ziele und Hoffnungen. Solange es sich um legale Verwendungszwecke handelt und beim Kauf kein anderer Mensch geschädigt wird, sollten wir mit Abwertungen vorsichtig sein. Zu bestimmten Formen des ökologisch fragwürdigen Luxuskonsums haben wir ja schon etwas gesagt. Aber hier findet sich für unseren Kontext eine interessante Frage – in zwei Teilen: Welche Formen der Vermögensbildung sind ethisch zu beurteilen und wie wirft diese Beurteilung ein Licht auf die Existenz des Einzelnen bzw. seine Rolle in der Gesellschaft? Gibt es überhaupt einen ethischen Blick auf das Vermögen? Haben wir womöglich eine moralische Verpflichtung, Vermögen in bestimmter Weise zu bilden und prägt das unser Leben in einer spezifischen Weise?

Ich denke, es dürfte einen Konsens darüber geben, dass es als verantwortlich gilt, nicht „von der Hand in den Mund" zu leben, also einen Impuls, Rücklagen zu bilden und finanziell nachhaltig zu leben. Wir wollen und sollen möglichst Verantwortung für uns übernehmen, darauf zielt Erziehung und Bildung in allen Bereichen, so auch im Finanziellen.

In der ethischen Betrachtung ist die **Autonomie** von großer Bedeutung – anderen Menschen nicht zur Last zu fallen, nicht ganz selbstverständlich auf ständige Unterstützung zu rechnen... Seit der Aufklärung und den Aufforderungen zur Mündigkeit (am wirkmächtigsten wohl von Immanuel Kant) gilt, dass wir – wo möglich und nötig – Verantwortung für uns übernehmen. Und dazu gehört auch die Verantwortung für unser materielles Wohlergehen.

Für die Moderne ist diese Ethik der **Selbstsorge und Eigenverantwortung** unhinterfragte Grundlage. Das war sicherlich nicht immer so; die mittelalterliche Vorstellung von einem gottgefälligen und standesgemäßen Leben hatte ganz andere Voraussetzungen. Der Mensch war damals Teil einer göttlichen Ordnung mit klar fest gelegten Pflichten und Rechten. Aber für uns Menschen der Jetztzeit ist die moralische Intuition klar: Übernimm Verantwortung für Dein Leben!

Das bedeutet in der Gegenwartskultur dann oft: Gestalte deine Biografie und optimiere Dich physisch und psychisch wo immer möglich! Und diese Grundregel wird begleitet durch allerlei stabilisierende und bestätigende Mechanismen. Es wird fast als verwerflich angesehen, bei Ernährung und Sport nicht das Optimum anzustreben. Und so ist auch die Armut etwas, das gerne mit den Augen einer bestimmten Moral oder eines bestimmten Moralisierens angesehen wird. Wenn wir die Prämisse akzeptieren, dass „jeder seines Glückes Schmied ist" und dass wir in einer Gesellschaft leben, in der Fleiß und Rechtschaffenheit belohnt werden, dann liegt die Vermutung nahe, dass Arme an ihrem Schicksal selbst schuld seien – weil sie einfach zu faul sind oder ihr Geld für die falschen Dinge (Alkohol, Zigaretten...) ausgeben und womöglich das falsche „mindset" haben. „Du musst Deine Einstellung ändern!" ist die zentrale, wenn auch oft sinnlose Mahnung. Die unzähligen Motivationstrainer und Coaches, die Berater und Ermutiger auf Bühnen oder in Social-Media-Kanälen bauen darauf, dass wir alle glauben, wir müssten nur wirklich wollen und dann würde uns alles gegeben. Dabei gerät aus dem Blick, dass das ‚Von-der-Hand-in-den-Mund'-Leben, das wir am Anfang geschildert haben, für viele Menschen nicht das Ergebnis einer freien Wahl ist. Sie können einfach nicht anders, weil ihre Spielräume schlicht zu klein sind; sie müssen so leben, weil sie arm sind – ob sie das wollen oder nicht.

Das Bild von einer Gesellschaft, das wir haben, prägt die ethischen Reflexionen über Armut und Reichtum. Es stellt eine Art „Framing" für unsere Einschätzungen dar, einen Rahmen der Interpretation und Wertung. Und dass Geld die unhinterfragte Grundlage für alle wesentlichen Aktivitäten in unserer Gesellschaft ist, das prägt uns in erheblichem Maße.

Wenn wir beispielsweise nicht den Rahmen der Autonomie und Selbstverantwortung in den Vordergrund stellen, sondern den der Solidarität und Nächstenliebe, dann sieht das Bild ganz anders aus. Wir können auch alle materiellen Güter als Gemeinschaftsgut sehen, von dem uns ein bestimmter Teil zur Verfügung gestellt ist, mit dem wir verantwortlich umzugehen haben. Dann werden wir andere Entscheidungen „ganz natürlich" finden.

Solche Rahmenbedingungen und Voraussetzungen sind für alles, was mit dem Vermögen zusammenhängt, wichtig. Wenn wir über die ethischen Fragen im Zusammenhang mit der Vermögensbildung in verschiedenen Zeiten und unterschiedlichen Kontexten nachdenken, dann sollten wir auch immer die nichtökonomischen Grundlagen ökonomischen Verhaltens und Denkens in den Blick nehmen. Denn auch die Wirtschaft lebt von Voraussetzungen, die sie selbst nicht schaffen kann – sie verstärkt aber Haltungen und bestätigt uns in unseren Rollen.

Ein zentraler Denker für diese Zusammenhänge ist **Max Weber** (1864-1924). In seinen Arbeiten hat er die Voraussetzungen und Rahmenbedingungen für ökonomisches Verhalten und Vermögensbildung beschrieben und sich vor allem mit den religiösen Wurzeln der Wirtschaftskulturen beschäftigt. Mit Weber können wir besser verstehen, dass und wie Weltbilder und Grundeinstellungen uns als Wirtschaftssubjekt (also auch Vermögensbilder) definieren. Weber richtet seinen Blick zum Beispiel auf die religiösen Lebens- und Denkformen, die bestimmte Arten des Wirtschaftens ermöglichen. Sein Text „*Die protestantische Ethik und der ‚Geist' des Kapitalismus*" entfaltet das am Beispiel protestantischer Sekten, die mit ihrer innerweltlichen Askese Erwerbsgeist und Vermögensaufbau möglich machten.

Wenn materieller Erfolg als Zeichen der göttlichen Gnade oder Erwähltheit verstanden wird, dann mobilisiert dies enorme Kräfte und ermöglicht eine bestimmte gesellschaftliche Hierarchie. Es tut den Reichen gut, wenn sie sich auch als die moralisch Überlegenen und religiös Gerechtfertigten fühlen können. Weber hat einen erfreulich kühlen Blick auf solche Rechtfertigungsstrategien. Es lohnt sich, in seinem großen Buch „*Wirtschaft und Gesellschaft*" seine Analyse der verschiedenen Vermögensschichten anzusehen. Sehr lehrreich schon die Unterscheidung zwischen einer Besitzklasse, die ihr Einkommen aus Immobilien, Landbesitz oder Aktiendividenden bezieht und einer Erwerbsklasse, die für ihr Einkommen permanent arbeiten muss und sich am Markt immer wieder neu den Erwerb zu sichern hat. Dass sich automatisch die Guten durchsetzen und gesellschaftlicher Fortschritt sich mit dem Sieg der intellektuell oder moralisch überlegenen Gruppen verbindet, das ist für ihn überhaupt nicht sicher. Es gibt im Gegenteil eine bittere Warnung von Weber an anderer Stelle, dass die Zukunft der Menschheit auch ganz anders aussehen könnte:

> „Fachmenschen ohne Geist, Genussmenschen ohne Herz: dies Nichts bildet sich ein, eine nie vorher erreichte Stufe des Menschentums erstiegen zu haben.“[46]

Zum einen sehen wir also auch bei Max Weber, dass Vermögen weder glücklich noch klug macht. Es fördert nicht automatisch die menschliche Entwicklung, macht uns nicht besser, kompetenter und verstärkt nicht die Lern- und Wachstumsprozesse, die wir benötigen. Ja, im Gegenteil kann es diese sogar verhindern, weil es den Anschein erweckt, wir seien schon klug und kompetent genug. Reiche Menschen werden als klüger wahrgenommen. Hier greift zum Beispiel der sogenannte „Halo-Effekt“, der bewirkt, dass positive Eigenschaften von einem Bereich auf den anderen übertragen werden. Weil jemand in einem Fach besonders gut ist, gehen wir davon aus, dass er in anderen ebenfalls besser abschneidet.

Auch die schon erwähnte Studie von Rainer Zitelmann, in der Vorurteile gegen Reiche deutlich herausgearbeitet werden, zeigt empirisch, dass ihnen Schlauheit und Umsicht attestiert werden. Unsympathisch und vielleicht sogar unmoralisch mögen sie sein – aber schlau sind sie doch...

Wir verbinden eben verschiedene Schichten und verschiedene Vermögensstufen gerne mit Eigenschaften, auch mit Tugenden oder Untugenden. Das wollen wir noch genauer betrachten, wenn wir die ethische Tradition aufrufen, die als „Tugendethik“ bezeichnet wird. Wir begeben uns dann in ein Feld, in dem wir entscheiden müssen: Geht es um Ethik für uns – oder um Ethik für andere:

- Trägt das Vermögen zur guten Entwicklung des Einzelnen bei, z. B. weil es Tugenden stärkt?
- Trägt das Vermögen zur guten Entwicklung der Gemeinschaft bei, z. B. weil es gemeinschaftliches Wohlergehen und Unterstützung der Schwachen ermöglicht?

Eine weitere Frage wäre (und das klang bei meiner Geschichte über den „armen Reichen“ am Anfang dieses Kapitels schon an), ob uns Geld ein gutes Leben ermöglicht. Macht Vermögen glücklich?

> Hierzu gibt es einige empirische Studien, die darauf hinweisen, dass es einen steilen Anstieg des **Glücksempfindens** bis zu einem Jahreseinkommen von ca. 50.000 Dollar (nach manchen Studien auch 60.000

46 Max Weber, Wissenschaft als Beruf (1917)

> oder 70.000) gibt und sich die Kurve dann deutlich abflacht. Reichtum kann glücklich machen – aber der Weg aus der Armut macht noch glücklicher.

Uns interessiert nun aber vor allem der große Rahmen und die verschiedenen Perspektiven, unter denen wir Vermögen ethisch betrachten können. Dabei wird uns einiges merk- und denkwürdig vorkommen. All diese Fragen wollen wir mit großen Denkern der Vergangenheit diskutieren. Keine Angst: Sie sind nicht plötzlich im Philosophieseminar gelandet, aber ein philosophisch geschulter Blick kann uns helfen, die Facetten des Vermögens noch besser zu sehen. Auch und gerade, wenn wir die philosophische Ethik einbeziehen.

Da es nicht eine einzig wahre ethische Sicht auf Vermögensfragen gibt, sondern die unterschiedlichsten Schulen und Denkrichtungen, ist es wichtig, kurz zu referieren, welche Aspekte des Vermögens von diesen Sichtweisen auf das Vermögen jeweils angesprochen werden können. Ich greife aus der Fülle der ethisch-philosophischen Schulen einige wichtige heraus. Ethische Annäherungen sind aus verschiedenen Richtungen möglich; drei will ich hier insbesondere aufgreifen:

- Tugendethik
- deontologische Ethik
- Utilitarismus

Diese Traditionen behandle ich hier ausführlicher; zu jeder werden Sie viel Literatur finden.

Tugendethik

Beginnen wir mit einer philosophisch-ethischen Schule, die auch in der Antike schon eine große Rolle spielte und unter anderem von **Aristoteles** (384 – 322 v. Chr.) vertreten wird. Die Tugendethik richtet ihr Augenmerk auf die Eigenschaften des Menschen und fragt, wie diese zu einem gelingenden Leben beitragen. Auch unser gutes oder schlechtes Handeln ist Folge des Charakters. Wir pflegen oder vernachlässigen gewisse Tugenden und können so unsere eigene Entwicklung prägen. Daraus ergibt sich eine bestimmte Rolle des Vermögens. Dieses wird danach beurteilt, ob es uns hilft, gute Tugenden zu stärken, Reichtum, Wohlstand oder Vermögen sind also kein Selbstzweck, sondern nur lobenswert, wenn wir in der richtigen Weise unsere positiven Eigenschaften kultivieren.

Wichtig ist, dass exzessives Verhalten abgelehnt wird: die Tugend entwickelt sich am besten fern von den Extremen, deswegen sind Maß und Mitte sehr wichtig und das Maßhalten (mesotes) muss auch beim Umgang mit Vermögen beachtet werden. Ein Lob für außergewöhnlich große Vermögen werden wir hier selten finden, aber eine Betonung des Vermögens in seiner Potenzialität, als Ausgangspunkt für Entwicklungen. Die Tugendethik begreift menschliches Vermögen danach, ob jemand damit etwas Gutes zu tun vermag.

Deontologische Ethik

Anders stellt sich die Sache dar, wenn wir die deontologische Ethik zur Grundlage nehmen. Hier sind weniger die persönlichen Eigenschaften wichtig als vielmehr allgemeine Prinzipien, nach denen wir uns ausrichten. Und diesen Prinzipien sind wir verpflichtet, selbst wenn die Konsequenzen für uns unangenehm sein sollten.

Auch unser Vermögenserwerb und -erhalt muss mit den allgemeinen Prinzipien oder moralischen Gesetzen vereinbar sein. Der wichtigste Denker dieser Tradition ist **Immanuel Kant** (1724-1804). Er betont, dass Menschen die Anerkennung der Prinzipien autonom und durch Einsicht leisten können. Da er die Autonomie und Eigenständigkeit des Individuums in den Mittelpunkt stellt, kritisiert er auch Formen des Lebens und Wirtschaftens, in denen anderen Menschen die Autonomie abgesprochen wird. Nicht verschwiegen sei allerdings, dass er – besonders in seinen frühen Schriften – von den Vorurteilen der Zeit geprägt war und sich nie explizit zu einer Anklage der Versklavung nichteuropäischer Menschen durchringen konnte. Und das obwohl seine eigene Philosophie, die ganz und gar der Aufklärung verpflichtet ist, ein helles Fanal der Freiheit und Selbstbestimmung des Menschen darstellt. Wichtig für unseren Zusammenhang ist jedenfalls, dass in dieser Denktradition die Vermögensbildung mit der Autonomie des Menschen eng verbunden sein muss. Wer sich für den Erwerb des Vermögens auf Knebelverträge einlässt oder seinen Körper verkauft, handelt nicht im Sinne von Kants deontologischer Ethik. Ebenso können wir mit ihm Vermögensformen kritisieren, die auf der Ausbeutung und Entrechtung anderer Menschen beruhen.

Utilitarismus

Nicht von allgemeinen Prinzipien, sondern vom praktischen Nutzen (lat. utilitas) geht der sogenannte Utilitarismus aus. Dieser verdient eine besondere Behandlung, weil der Utilitarismus diejenige philosophische Richtung ist, die für viele Ökonominnen und Ökonomen maßgeblich geworden ist. Es lässt sich sagen, dass die große Mehrheit in der Wirtschaftswissenschaft utilitaristischen Wertungen und Orientierungen folgt. Warum hat sich der Utilitarismus parallel zur Herausbildung ökonomischer Wissenschaft entwickelt und diese so stark beeinflusst? Das hängt damit zusammen, dass sich der Nutzen in bestimmten Formen gut quantifizieren lässt und damit konkrete Vorgaben für die Ergebnisse ökonomischen Handelns erlaubt.

Der Nutzen kann so in Elemente wie Lebenserwartung oder Kaufkraft umgesetzt werden und sogar mit einem Begriff wie „Glück" in Verbindung gebracht werden. Ein Utilitarist würde „Glück" anhand von konkreten Nutzenfunktionen beschreiben und damit auch moralische Wertungen ‚fundieren'. Gut ist dann das, was das Glück via Nutzenmaximierung hervorbringt – so lässt sich das Glück ‚ausrechnen'.

Für die Begründung des Utilitarismus sind zwei wichtige Denker zu nennen, die jeweils auch schon Bezüge zur wissenschaftlichen Beschäftigung mit ökonomischen Fragen hatten:

- **Jeremy Bentham** (1748-1832) sah im größtmöglichen Glück der größtmöglichen Zahl das Ziel der Ethik und gründete darauf eine Konzeption vom Wohlfahrtsstaat. Moralisch geboten sei immer das, was den Nutzen oder die Nützlichkeit steigere. In ‚*An Introduction to the Principles of Moral and Legislation*' von 1789, in dem Bentham erläutert, warum die Gesetze so gestaltet sein sollten, dass sie möglichst vielen Menschen nutzen, führt er auch aus, dass Eigentum und Vermögen besonders wichtige Mittel zur individuellen Nutzenmaximierung der Menschen seien. Deshalb müssen sie auch Gegenstand gesetzlicher Regelung sein.
- Der Philosoph und Ökonom **John Stuart Mill** (1806-1873) entwickelte die Konzeption Benthams weiter und beschrieb in vielen konkreten Feldern, wie die Nützlichkeit für Einzelne und Gruppen gesteigert werden könnte. Er setzte sich für die Rechte der Frauen ein, für ein gutes Schulsystem und wirtschaftliche Verhältnisse, in denen Menschen ihre Ziele erreichen und ihr Glück mehren können. Dabei schwebte ihm in der Langzeitperspektive ein statischer Zustand der Wirtschaft vor, in dem nicht mehr Wachstum des materiellen Reichtums wichtig sein

würde, sondern Wachstum der menschlichen Fähigkeiten durch mehr Bildung und Freizeit. Mill konkretisierte die Utilitarismuskonzeptionen für wirtschaftliche Nutzanwendungen und empfahl eine aktive Rolle des Staates bei der Verhinderung zu ungleicher Vermögensverhältnisse; in seinem Werk ‚*Principles of Political Economy*' von 1848 führt er auch aus, wie öffentliche Infrastruktur geschaffen werden soll, die sowohl das Staatsvermögen als auch das private Vermögen steigert.

Beide, Bentham und Mill, sahen Vermögen nur als gerechtfertigt an, wenn durch die Vermögensverteilung das **allgemeine Glück maximiert** würde. Daher sind große Ungleichheiten mit exzessivem Reichtum und großer Armut zu vermeiden, da sie nicht das Glück, sondern das Unglück in einer Gesellschaft vergrößern.

Karl Marx (1818-1883) hatte dafür nur Spott übrig. Bentham war für ihn das „Genie bürgerlicher Dummheit", der „Urphilister", der eine lügenhafte und betrügerische Ideologie verbreitete, mit der die Armen arm und die Reichen reich bleiben sollten. Die wirklichen Ursachen von Armut und Reichtum sah Marx nicht im individuellen Verhalten, sondern in den wirtschaftlichen und gesellschaftlichen Verhältnissen. Der Reichtum, der nach Marx' Auffassung durch menschliche Arbeit geschaffen wird, ist ungleich verteilt, weil eine Gruppe in der Gesellschaft, die Inhaber der Produktionsmittel, die andere Gruppe, die Arbeiter (welche ihre Arbeitskraft verkaufen müssen, für die sie zu wenig Lohn erhalten) ausbeutet. Moralische Predigten und besserer Lebenswandel nützen nichts, solange diese ungerechten Grundverhältnisse nicht geändert werden. Daher muss das Privateigentum an den Produktionsmitteln als moralischer Skandal gekennzeichnet werden. Es geht ihm dabei weniger um Luxus oder persönliche Geldmittel, sondern mehr um den eigentlich produktiven Teil des Besitzes, der immer weitere Geldvermehrung ermöglicht. Der Vermögensbegriff bei Karl Marx hängt mit dieser Geldvermehrungslogik zusammen, dem Zwang, Profite zu erwirtschaften, der in der ökonomischen Macht und gesellschaftlichen Triebkraft „Kapital" konzentriert ist.

Damit liegen die wichtigsten Karten auf dem Tisch der ethischen Reflektion von Vermögen. Bis in die Gegenwart werden entweder ethische Konzepte entwickelt, die den bestehenden Rahmen der Marktgesellschaft akzeptieren und weiterentwickeln wollen – oder eben radikale Alternativen zu entwerfen suchen, am wirkmächtigsten wohl in der Form des **Sozialismus**. Was als moralisch gerechtfertigter Vermögenserwerb und -erhalt gelten darf, hängt davon ab, wie man sich zu diesen Schulen verhält. Leben wir in einer ‚**Meritokratie**', in der wir uns unseren Status verdient haben (lat. Meritum = Verdienst) oder leben wir in einem System, in dem die ‚Karten gezinkt' sind und wir keine Chance haben, zu Vermögen zu gelangen, wenn wir in armen Verhältnissen geboren werden? Lässt sich Vermögen mit fairen und gerechten Formen des Verhaltens erwerben oder müssen wir uns schuldig machen, um vermögend zu werden?

Diese ethischen Erwägungen wurden immer stärker durch Überlegungen ergänzt zu den sozialen und ökologischen Folgekosten des Vermögens. Wir sehen also, dass wir Vermögensfragen mindestens von zwei Seiten ethisch behandeln können: von seinem Erwerb her und von seinen Auswirkungen her. Wir fragen auf der einen Seite, was der Aufbau des Vermögens mit uns und der Welt um uns herum macht – und fragen auf der anderen Seite, was dann später das Vermögen mit uns und der Welt macht. Beim Aufbau müssen wir zum Beispiel anerkennen, dass in vielen Wirtschaftsbereichen noch überhaupt nicht nachhaltig gearbeitet wird. Wollen wir davon profitieren? Oder noch zugespitzter: auch der Krieg ist oft ein sehr gutes Geschäft. Von **Henry Ford** (1863-1947) ist der Satz überliefert:

> „Hunderte von amerikanischen Vermögen datieren aus dem amerikanischen Bürgerkrieg und tausende Vermögen aus dem ersten Weltkrieg. Niemand kann leugnen, dass Kriege ein gutes Geschäft sind für diejenigen, die diese Art Geld lieben."[47]

Wir können mit den vielen verschiedenen Krisen und Kriegen Geld verdienen – und je nachdem, wie wir den zeitlichen Horizont wählen, sehen wir immer deutlicher, was die Rahmenbedingungen für Vermögen in Vergangenheit und Zukunft sind. Wollen wir das wirklich so genau wissen? Haben wir den Mut, uns dem zu stellen? Die Streckung des zeitlichen Horizonts lässt uns jedenfalls die Folgekosten des Vermögens deutlicher erkennen.

Und diese Folgekosten sind nicht nur ökologischer Natur; mit Recht können wir auch nach den Folgekosten aus persönlicher und gesellschaftlicher Ebene fragen – was ich zu Beginn dieses Kapitels mit dem ‚armen reichen Mann' versucht habe. Wie verändert uns der Vermögenserwerb? Sind wir durch Vermögen mit anderen Menschen mehr verbunden – oder weniger? Leidet die Qualität unserer sozialen Beziehungen unter der Konzentration auf das Vermögen – oder lernen wir vielmehr bei der Beschäftigung mit

47 Henry Ford, Mein Leben und Werk, Leipzig (Paul List) 1923, S. 283

Vermögen etwas, das uns in vielen anderen Bereichen ebenso nützlich ist – Verlässlichkeit, Fleiß, Umsicht…? Gerne wird Karl Marx zitiert mit der Behauptung:

> „Der wirkliche Reichtum eines Menschen ist der Reichtum seiner wirklichen Beziehungen."

Allerdings ist das ein klassischer Fall eines überlieferten Falschzitats. In der ‚Deutschen Ideologie' von Marx und Engels bezieht sich dieses Zitat nämlich auf den *geistigen* Reichtum: „Daß der wirkliche geistige Reichtum des Individuums ganz von dem Reichtum seiner wirklichen Beziehungen abhängt, ist nach dem Obigen klar."[48]

Ist Vermögen umfassend verstanden vielleicht auch der Ausdruck von wirklichen Beziehungen und einem produktiven Umgang mit den Ressourcen? Die sozialen Unterschiede, die durch das Vermögen entstehen, haben jedenfalls immer wieder Menschen misstrauisch gemacht. Etwas, das uns trennt, kann doch nicht gerechtfertigt sein, so die Annahme. **Honoré de Balzac** mutmaßt, dass es ursprünglich illegal erworben wurde: „Hinter jedem großen Vermögen steht ein Verbrechen".[49]

Durch die Jahrhunderte haben Denkerinnen und Denker deshalb einen neuen Begriff von Vermögen stark zu machen versucht, einen Vermögensbegriff, bei dem Werte bewegt werden und durch uns hindurchfließen, ohne uns jemals wirklich zu gehören. Oft betonten sie, dass das Vermögen unsere sozialen und kreativen Fähigkeiten nicht ersetzen oder verdrängen, sondern stärken solle.

Als zwei von vielen seien der Künstler **Joseph Beuys** (1921-1986) und der Psychologe **Erich Fromm** (1900-1980) genannt. In seinem Vortrag ‚*Was ist Kapital?*' hebt Beuys hervor, dass kein Vermögens- oder Kapitalbegriff zu denken sei ohne menschliche Kreativität und schöpferische Energie. Schon bei Schumpeter finden wir eine ähnliche Beschreibung, hier bekommt sie aber ein neues Gewicht, auch was die ethische Dimension betrifft. Dass und wie wir schaffen können, das weist uns als vermögende Menschen aus. Ähnlich sieht Fromm das Geben und nicht das Behalten als positives

---

48 Marx-Engels-Werke (MEW), Bd. 3, Seite 37

49 Das ist die bekannte, aber eigentlich falsche Kurzform eines Zitats aus Balzacs ‚Le Père Goriot' (Vater Goriot): „Le secret des grandes fortunes sans cause apparente est un crime oublié, parce qu'el a été proprement fait" (Das Geheimnis großer Vermögen ohne bekannte Ursache ist ein Verbrechen, das vergessen wurde, weil es sauber (korrekt) begangen wurde).

Grundmotiv: „Für den produktiven Charakter (...) ist Geben höchster Ausdruck seines Vermögens. Gerade im Akt des Schenkens erlebe ich meinen Reichtum, meine Stärke, meine Macht."[50] Hier wird das Sein dem Haben vorgezogen.

Das mag man als Nebengleis der Vermögensdiskussion begreifen, als Luxusproblem (in mehrfacher Hinsicht) oder moralisierende Übertreibung einiger weniger Intellektueller, die ignorieren, dass Haben ein wichtiger Teil des Seins ist. Aber es gibt viele Hinweise darauf, dass wir gerade diese Vorschläge und Anregungen sehr ernst nehmen sollten – gerade auch, wenn wir auf die psychischen Dimensionen schauen.

Denn Vermögen kann durchaus positive wie negative Folgen für mentale Stabilität oder geistige Gesundheit haben. Uns allen ist sicher klar, welche vielfältigen Vorteile es bringt, aber gerade deshalb wollen wir hier noch einmal einen Blick auf die Schattenseiten werfen. Vermögen kann als Problem wahrgenommen werden, als psychische Belastung – und das gilt nicht nur für das sogenannte ‚*Sudden Wealth Syndrome*'. Damit beschreiben wir die Probleme, die ein Mensch bekommen kann, der überraschend ein großes Geldvermögen erhält, z. B. durch einen Lottogewinn oder eine überraschende Erbschaft. Solche Menschen sind oft überfordert und setzen sich selbst unter starken Druck.

Die Angst, alles wieder zu verlieren, stellt sich schnell ein, aber auch Sinn- und Verantwortungsfragen: „Habe ich das verdient?", „Warum ich?" oder „Müsste ich nicht alles spenden?" Auf Vermögen und Reichtum muss ich psychisch vorbereitet sein, weswegen ja in den verschiedenen Schichten ein jeweils komplett anderes Mindset zu finden ist. Reiche Eltern bereiten ihre Kinder ganz anders vor als arme: Budgets für den Alltag, Kosten- und Ausgabenbewusstsein, Pflege sozialer Beziehungen, Financial Literacy, Schutz davor, ausgenutzt zu werden – all das sind Faktoren, die in der Erziehung eine Rolle spielen.

Jemand, der damit nie konfrontiert wurde und nun womöglich über ein großes Vermögen verfügt, wird da schnell überfordert sein. Identitätskrisen, Schuldgefühle oder soziale Ängste können die Folge sein, mit körperlichen Folgen wie Schlaflosigkeit, Depressionen, Zwängen und Ängsten. In vielen Fällen schließen sich die neuen Reichen von ihrer sozialen Umgebung

---

50 Erich Fromm, Haben oder Sein. Die seelischen Grundlagen einer neuen Gesellschaft, München (dtv) 2005

ab, isolieren sich vollständig. Oder sie steigen ein in einen Zirkel des Überkonsums oder der Selbstzerstörung.

> Und der **plötzliche Gewinn** kann schnell wieder weg sein: es wird geschätzt, dass 50 % der Millionengewinner nach zwei Jahren kein Geld mehr haben, ca. 75 % nach fünf Jahren. Wie gewonnen, so zerronnen...

Von dem berühmten Fußballer George Best (1946-2005) ist dazu eine sehr passende Aussage überliefert: „Ich habe viel von meinem Geld für Alkohol, Weiber und schnelle Autos ausgegeben. Den Rest habe ich einfach verprasst." Aber die dunklen Seiten des Vermögens zeigen sich eben nicht nur bei jenen, die überraschend und unvorbereitet zu Geld kommen. Auch diejenigen, die auf das Vermögen vorbereitet wurden, können große Probleme damit bekommen und beschreiben den Druck, der durch ein Vermögen auf ihnen lastet. Die Angst vor Verlusten belastet sie:

> „Manche Leute haben nichts weiter an ihrem Vermögen als die Angst, es zu verlieren"

schrieb Antoine de Rivarol (1753-1801). Und der Komponist Erik Satie (1866-1925) war daher froh, arm zu sein:

> „Wenn ich reich wäre, hätte ich Angst, mein Vermögen zu verlieren."

Es gibt zahlreiche Berichte von Kindern reicher Familien, die zeigen, wie unglücklich man auch in der Villa sein kann. Soziale Isolation, Leistungsdruck, Flucht in Drogen, Ersatz von menschlicher Zuwendung („Nur das Kindermädchen war nett zu mir") durch Konsum... Oft wird beklagt, dass reiche Menschen nie sicher sein können, ob die Sympathie, die ihnen entgegengebracht wird, nicht einfach auf dem Kalkül beruht, etwas vom Geld abzubekommen. Wie kann ich wissen, ob mich mein Gegenüber nicht nur instrumentalisiert und es ihm / ihr gar nicht um mich als Person geht? Auch das dürfte ein Grund dafür sein, dass solche Menschen im Zweifelsfall lieber ‚unter sich' bleiben und in der eigenen sozialen Sphäre verkehren, meist auch heiraten.

Einige Reiche versuchen, ihr Unwohlsein durch soziales Engagement zu kompensieren, stiften und schenken – manchmal ihr ganzes Vermögen. Die Erklärungen dafür sind vielfältig: bei manchen Menschen, die so handeln, können und müssen wir ein Verantwortungsgefühl und genuine moralische Beweggründe annehmen, bei anderen Reichen, die sich philantropisch betätigen, geht es wohl vor allem um neue Statussymbole und gekauftes Ansehen. Auch die Initiative „*Tax me now*“[51] ist bekannt, in der wohlhabende Menschen darauf hinweisen, dass gerade sehr Vermögende viele Möglichkeiten der Steuervermeidung haben.

Ich halte solche individuellen Beispiele für in vielerlei Hinsicht sehr wertvoll, da aus meiner Sicht ein Verständnis des Vermögens nur geschaffen werden kann, wenn wir auch die Menschen betrachten, die Vermögen besitzen, es anstreben, darunter leiden oder darum kämpfen.

Zum Abschluss möchte ich daher noch einmal darauf hinweisen, auf wie unterschiedliche Weise wir etwas über das Vermögen lernen können. Es ist ein zentrales ökonomisches Themengebiet, aber auch psychologische, soziologische, historische, ethische und viele andere Annäherungen sind nicht nur erlaubt, sondern sinnvoll und notwendig. In der Romanliteratur können wir ebenfalls viele Hinweise finden. Die Forsyte-Saga von John Galsworthy ist eines von zahlreichen Beispielen.[52]

Die wirtschaftsethische Botschaft des Romans liegt in der kritischen Darstellung des Besitzdenkens und der materialistischen Werte dieser Gesellschaftsschicht. Galsworthy zeigt, wie das Streben nach Wohlstand und die Fixierung auf Eigentum nicht nur das persönliche Glück, sondern auch zwischenmenschliche Beziehungen zerstören können. Dabei bietet er nicht nur Belehrung und Predigt, sondern zeigt Menschen in ihrer Epoche mit ihren Wünschen und Ängsten. Besonders interessant sind dabei die unhinterfragten „Gewissheiten“ der tonangebenden Gruppen. Nur einzelne Außenseiter gehen einen Weg, der nicht durch die Geldlogik vorgespurt wird. Die Saga beleuchtet den Konflikt zwischen Tradition und Fortschritt, Kaufmannsehre und Spekulation, zwischen wirtschaftlicher Sicherheit und persönlicher Freiheit. Galsworthy geht es um die geschichtlichen Ehr- und Moralbegriffe, die ethischen Grundlagen des Kapitalismus. Er stellt die Frage, ob materieller Erfolg wirklich mit dauerhaftem Glück gleichzusetzen ist. Durch die Entwicklung der Charaktere und die Generationenkonflikte innerhalb der Forsyte-Familie wird deutlich, dass wahre Erfüllung nicht allein durch Besitz erreicht werden kann. Der reiche Soames Forsyte steht am Ende bei großem wirtschaftlichem Erfolg vor den Ruinen eines Lebens,

---

51 www.taxmenow.eu

52 Britische Romantrilogie, die zwischen 1906 und 1921 entstand. Die Erstpublikation als Gesamtwerk fand 1922 statt. Eine schöne deutsche Ausgabe ist bei Reclam erschienen: John Galsworthy, Die Forsyte-Saga, 3 Bde., Stuttgart (Reclam) 2021

das glücklich hätte sein können. Auch solche literarischen Zeugnisse (wie die berühmten „Buddenbrooks" von Thomas Mann und viele andere) führen uns in die Welt des Vermögens, seiner Schönheiten und seiner Schrecken.

In einer ganz anderen literarischen Gattung finden wir ebenfalls eine Fülle von Beschreibungen des Vermögenserwerbs: Märchen. Die Geschichten, die die Gebrüder Grimm sammelten und schrieben, Volks- und Kunstmärchen, Märchenerzählungen aller Völker und Regionen – sehr oft geht es um arme Menschen, die der Armut entfliehen wollen. Am Ende des Regenbogens steht ein Goldtopf, ein tapferes Schneiderlein macht sich auf den Weg und ein Kater zieht die Stiefel an. Immer lockt irgendwo ein Schloss oder eine Schatzhöhle. Besonders ungewöhnlich geht ‚Hans im Glück' mit Vermögen um. Nachdem er zunächst einen eindrucksvollen Goldklumpen hatte, bekommt er durch verschiedene Tauschprozesse immer wieder neue Dinge, die ihm Freude bereiten, aber materiell weniger wert sind. Am Ende verliert er sogar die letzten Besitztümer, zwei schwere Steine. Und er reagiert so:

> „So glücklich wie ich gibt es keinen Menschen unter der Sonne. Mit leichtem Herzen und frei von aller Last ging er nun fort, bis er daheim bei seiner Mutter angekommen war."

Hans hat das Vermögen, glücklich zu sein, aber finanzielles Vermögen bildet er nicht.

Und wir verstehen durch diese Darstellungen vielleicht besser, was nicht rein materiell oder finanziell am Vermögen ist – und warum unsere Anfangsvermutung, dass Vermögen etwas vermag, nicht ganz falsch war. Vermögen – das ist hoffentlich in diesem Buch klar geworden – ist so vielfältig wie die Natur des Menschen. Es antwortet auf unsere unterschiedlichen Hoffnungen, Pläne und Fragen, kann uns große Bequemlichkeiten schaffen, ganze Welten eröffnen und vieles ermöglichen – oder aber der Wunsch nach Vermögen führt uns in eine Welt der Stille und Einsamkeit, wo wir nur noch in einem wertvollen Spiegel uns selbst betrachten.

Literatur

Daron Acemoglu / James E. Robinson, Warum Nationen scheitern. Die Ursprünge von Macht, Wohlstand und Armut, Frankfurt a. M. (Fischer Taschenbuch Verlag) 2014^{10}

Honoré de Balzac, Vater Goriot, Zürich (Diogenes) 1977

Jens Beckert, Erben in der Leistungsgesellschaft, Frankfurt a. M. (Campus) 2013

Michael Bloss, Multitalent Gold. Anlegen, spekulieren, absichern, München (uvk) 20213

Erik Boettcher et al., Vermögenspolitik im sozialen Rechtsstaat, Tübingen 1985

Gottfried Bombach, Ein Modell und sein Ende, in: Kyklos 34 (1981), S. 517-539

Johannes Burkhardt / Birger Priddat (Hrsg.): Geschichte der Ökonomie, Frankfurt a. M. (Deutscher Klassiker Verlag) 2000

Christoph Butterwege, Armut in einem reichen Land. Wie das Problem verharmlost und verdrängt wird, Frankfurt a. M. (Campus) ^{4}2016

Angus Deaton, Der große Ausbruch. Von Armut und Wohlstand der Nationen, Stuttgart (Klett-Cotta) 2017

Bernard Degen, Historisches Lexikon der Schweiz, Bern 2014

Christoph Deutschmann, Trügerische Verheißungen. Markterzählungen und ihre ungeplanten Folgen, Berlin / New York (Springer) 2020

Dieter Duwendag / Karl-Heinz Ketterer / Wim Kösters / Rüdiger Pohl / Diethard B. Simmert, Geldtheorie und Geldpolitik in Europa, Berlin / Heidelberg / New York (Springer) 1999

Georges Enderle u. a. (Hrsg.), Lexikon der Wirtschaftsethik, Freiburg i.Brsg. (Herder) 1993

Andreas Eschbach, Eine Billion Dollar, Bergisch Gladbach (Lübbe) 2001

Walter Eucken, Kapitaltheoretische Untersuchungen, Tübingen (Mohr Siebeck) ^{2}1954

Ken Fisher / Elisabeth Dellinger, Kasse statt Masse. Wie Sie mit einem konträren Investmentansatz Geld verdienen, Kulmbach (Börsenbuch) 2015

John Galsworthy, Die Forsyte-Saga, 3 Bde., Stuttgart (Reclam) 2021

Elisabeth Göbel, Neue Institutionenökonomik. Grundlagen, Ansätze und Kritik, Stuttgart (utb) 2021

Nils Goldschmidt / Arnd Küppers, Ökonomie der Versöhnung. Wirtschaftlicher Erfolg und sozialer Zusammenhalt gehören zusammen, in: Impulse, Roman Herzog Institut 2023

Nils Goldschmidt / Rainer Kirchdörfer / David Deißner, Gerechtigkeit. Wie wir unsere Gesellschaft zusammenhalten, Freiburg i.Brsg. (Herder) 2025

Catherine Gore, Der Geldverleiher. Ein viktorianischer Roman, Die Andere Bibliothek, Bd. 441, Berlin (Aufbau) 2021

Klaus Grubmüller / Markus Stock, Geld im Mittelalter. Wahrnehmung – Bewertung – Symbolik, Darmstadt (WBG) 2005

Manfred Gutgesell, Arbeiter und Pharaonen. Wirtschafts- und Sozialgeschichte im Alten Ägypten, Hildesheim (Gerstenberg) 1989

Harald Hagemann (Hrsg.), Wissen / The Knowledge Economy, Studien zur Entwicklung der ökonomischen Theorie XXVI, Schriften des Vereins für Socialpolitik 115/XXVI, Berlin (Duncker & Humblot) 2011

Thomas Hammer, Finanzen nebenbei: Mehr Geld im Alltag – Rendite – Risiken absichern – Vermögensaufbau – Grundwissen für Einsteiger, Berlin (Stiftung Warentest) 2018

Michael Hartmann, Elitensoziologie. Eine Einführung, Frankfurt a. M. (Campus) [2]2008

Hans Jörg Hennecke, Wilhelm Röpke. ein Leben in der Brandung, Stuttgart (Schäffer Poeschel) 2005

Ulrike Herrmann, Der Sieg des Kapitals. Wie der Reichtum in die Welt kam: Die Geschichte von Wachstum, Geld und Krisen, München (Piper) 2015

Ulrich Horstmann, Alles, was Sie über Das Kapital im 21. Jahrhundert von Thomas Piketty wissen müssen, München (FinanzBuch) 2014

Thomas Kehl / Mona Linke, Das einzige Buch, das Du über Finanzen lesen solltest. Der entspannte Weg zum Vermögen – von den Machern des YouTube-Erfolgs ‚Finanzfluss', Berlin (Ullstein) 2022[21]

Richard Kiyosaki, Rich Dad Poor Dad. Was die Reichen ihren Kindern über Geld beibringen, München (FinanzBuch) 2016

Tobias Klostermann, Wie werde ich reicher als meine Eltern? Alles, was Du über Geld wissen musst, München (Hanser) 2022

Gerd Kommer, Souverän investieren für Einsteiger. Wie Sie mit ETF's ein Vermögen bilden, Frankfurt a. M. [3]2024

Annika Krempel / René Reichelt, Finanzen verstehen: 100 Infografiken zu Geldanlage, Steuern und Versicherungen, Berlin (Stiftung Warentest) 2020

Hans-Günther Krüsselberg (Hrsg.), Vermögen im Systemvergleich, Stuttgart 1984

Ders., Vermögenspolitik im Sozialen Rechtsstaat, in: Ordo 39, Stuttgart 1988, S. 301-313

Berthold M. Kuhn / Dimitrios L. Margellos, Global Perspectives on Mega-Trends. The Future as Seen by Analysts and Researchers from Different World Regions, Stuttgart (ibidem) 2022

Friedrich Lenger, Der Preis der Welt. Eine Globalgeschichte des Kapitalismus, München (C.H. Beck) 2023

Susan Levermann, Der entspannte Weg zum Reichtum, München (dtv) 2011[12]

Ludwig-Erhard-Stiftung (Hrsg.), Vermögenspolitik in der Sozialen Marktwirtschaft, Stuttgart 1987

Deidre McCloskey, The Industrial Revolution 1780-1860: A Survey, Chapter 6 in Floud and McCloskey eds., *The Economic History of Britain, 1700-Present* (1981), Band. 1, S. 103-127.

Christian Neuhäuser, Wie reich darf man sein? Über Gier, Neid und Gerechtigkeit, Ditzingen (Reclam) 2019[6]

Günther Ogger, Kauf Dir einen Kaiser. Die Geschichte der Fugger, München (Knaur) 1979

Thomas Piketty, Das Kapital im 20. Jahrhundert, München (C.H. Beck) 2014

Erich Preiser, Bildung und Verteilung des Volkseinkommens, Göttingen (Vandenhoek & Ruprecht) 1961

Ders., Theoretische Grundlagen der Vermögenspolitik, in: ders., Wirtschaftspolitik heute, München 1967, 188-216

Joan V. Robinson, The Accumulation of Capital, London (MacMillan, St. Martins Press) 1958

Grégory Salle / Ulrike Bischoff, Superyachten. Luxus und Stille im Kapitalozän, Berlin (Suhrkamp) 2022

Johannes Seuferle, Die Geschichte der Vermögensanlage, Frankfurt a. M. (Westend) 2023

Ulrich Schneider (Hrsg.), Kampf um die Armut. Von echten Nöten und neoliberalen Mythen, Frankfurt a. M. (Westend) 2015

Adam Smith, Der Wohlstand der Nationen. Eine Untersuchung über seine Natur und seine Ursachen, München (dtv) 1999

Ders., Theorie der ethischen Gefühle, Hamburg (Felix Meiner) 2021

Nico Stehr / Dustin Voss, Geld. Eine Gesellschaftstheorie der Moderne, Weilerswist (Velbrück) 2019

Joseph Stiglitz / Amartya Sen / Jean Paul Fitoussi, Mismeasuring Our Lives, New (The New Press) 2010

Sebastian Thieme, Wohlstand. Ideengeschichtliche Positionen von der Frühgeschichte bis heute, Stuttgart (UTB) 2024

Adolf Wagner, Skeptische Nationalökonomik. Von Schwierigkeiten mit Menschen, Bevölkerungen und Systemen, Marburg (Metropolis) 2017

Hartmut Walz, Ihre Finanzen fest im Griff. Vermögen aufbauen statt Geld verschenken, Freiburg im Breisgau (Haufe) 2025

Max Weber, Wirtschaft und Gesellschaft, Köln 1956

Weltbank (Hrsg.), Weltentwicklungsbericht 1991. Entwicklung als Herausforderung, Frankfurt a. M. (Weltbank) 1991

Frank Wilhelmi, Das (un)sichtbare Kapital: Auf der Suche nach der Quelle schöpferischer Intelligenz, Frankfurt a. M. (odem libri) 2023

Ben Wilson, Metropolen. Die Weltgeschichte der Menschheit in den Städten, Frankfurt a. M. (Fischer) 2022

Rainer Zitelmann, Reich werden und reich bleiben. Ihr Wegweiser zur finanziellen Freiheit, München (FinanzBuch) 2015

Ders., „Psychologie der Superreichen: Das verborgene Wissen der Vermögenselite", München (FinanzBuch) 2017

Ders., Die Gesellschaft und ihre Reichen. Vorurteile über eine beneidete Minderheit, München (FinanzBuch) 2019

Dank

Meinen Eltern möchte ich vor allem danken, meiner lieben Mutter und meinem leider schon verstorbenen Vater. Er war ein kluger und umsichtiger Mensch, den ich vermisse. Es gibt viele Gründe, warum ich ihm dieses Buch gewidmet habe.

Außerdem kann ich mir ein Leben ohne meine Frau Monika und meine Tochter Johanna nicht vorstellen. Ich danke ihnen dafür, dass sie mit mir lachen, wenn ich froh bin und mich trösten, wenn es mir nicht gut geht. Ich danke ihnen auch für ihre Geduld und Freundlichkeit, die dringend benötigt wird, wenn man mit einem Menschen wie mir zusammenlebt.

Für ihre Nachsicht und Liebenswürdigkeit bin ich auch den Menschen dankbar, die ich als Freunde betrachte. Einige davon haben zur Entstehung dieses Buches beigetragen und sollen hier nicht unerwähnt bleiben. Fabian Störmer begleitet seit vielen Jahren die Entwicklung meiner Ideen, Jochen Pahl bekommt merkwürdige E-Mails, die er immer beantwortet, Friedrich Glauner beeindruckt mich, indem er selbst denkt und sich nicht einschüchtern lässt, Ulrich Lohmann diskutiert mit mir an jedem Wochenbeginn die Schönheiten und Schrecken unserer Welt, Steffen Weber und Nina del Marr lassen mich an ihrem Berliner Leben teilhaben, Jürgen Volkert darf ich über wirtschaftliche Probleme befragen und bekomme Antworten von einem Ökonomen, der auch Humanist ist, mit Michael Funken kann ich solidarisch uneins sein und lernen, vor allem in unserem Podcast „Wo bitte geht‘s zur Mitte?“. Aber ich habe zudem das Privileg, an meinem Arbeitsplatz, dem Weltethos-Institut an der Eberhard Karls Universität Tübingen, jeden Tag Menschen zu treffen, die mir Unterstützung und Inspiration geben: Christopher Gohl, Anna Tomfeah, Cornelia Kress, Annette Guthy, Arben Kukaj, Anja Gottschalk und Laura Winter sind hier besonders zu nennen. Es ist ein Privileg, für das Weltethos-Institut tätig sein zu können, auch und gerade zusammen mit den Direktoren, die ich schon erleben durfte: Claus Dierksmeier, Ulrich Hemel und Nils Goldschmidt, der dankenswerter Weise die letzte Fassung noch einmal kritisch geprüft hat.

Eine sehr große Hilfe war mir Max Mühr, der genau gelesen und klug kommentiert hat. Danke, Max! Und auch Anette Stuber-Rousselle danke ich herzlich für ihr sorgfältiges Korrekturlesen. Danke, Anette!

Der Verlag hat diesen Band wunderbar professionell betreut. Besonders Jürgen Schechler gebührt mein Dank – einem großartigen Lektor und Programmplaner. Dank auch an meinen alten Freund Thomas Lindemann, der unter hohem Zeitdruck die Grafiken erstellt hat.

Nichts zu danken habe ich den diversen KI-Anwendungen; dieses Buch ist das Ergebnis eigenen Denkens und Formulierens. Es ist noch nicht absehbar, wie sehr sich das wissenschaftliche Arbeiten durch den Einsatz von Intelligenzsimulationssystemen verändert, eine ganz neue Redseligkeit ist jetzt schon spürbar... Ich hoffe, einen guten Weg gefunden zu haben, indem ich zwar gelegentlich sachliche Einzelheiten mit der KI recherchiere, aber konzeptionelle und strukturelle Entscheidungen im eigenen Kopf treffe.

Abschließend danke ich den vielen toten und lebenden Autorinnen und Autoren, deren Bücher und Aufsätze mir die Möglichkeit gegeben haben, mitzuwirken an dem großen Projekt eines besseren Verständnisses wirtschaftlicher Zusammenhänge. Mit Joseph Schumpeter bin ich der Meinung, dass wir dabei noch einen langen Weg vor uns haben und uns hüten sollten, zu schnell Abschließendes zu formulieren. Davor bewahrt mich das intensive Lernen von der Praxis; das Wissen und die Erfahrungen einiger Menschen aus verschiedenen Vermögensverwaltungen sind hier eingeflossen. Ich hoffe, es ist zu spüren, dass der Text im ständigen Dialog zwischen theoretischer und praktischer Arbeit entstanden ist. Allen Menschen aus beiden Bereichen, die hier nicht explizit erwähnt worden sind, sei vielmals gedankt.

Glossar

Asset | Vermögensgegenstand im Besitz von Menschen oder Unternehmen, der einen bestimmten Wert hat. Der Vermögensgegenstand muss quantitativ bewertbar, wirtschaftlich nutzbar und rechtlich verfügbar sein.

Asset Allocation | Die Verteilung, Strukturierung und Gewichtung der Wertgegenstände. Sie ist wesentlich für das Risikomanagement, weil unterschiedliche Assets unterschiedlich häufig vertreten sind und mit anderen so kombiniert werden, dass die Gefahr der Wertminderung möglichst klein ist.

Behavioral Finance | Eine Richtung der Finanztheorie, in der Verhaltensweisen und reale Entscheidungen im Mittelpunkt stehen. Hier wird nicht über den Menschen wie er sein sollte, gesprochen, sondern über oft irrationales tatsächliches Alltagsverhalten, z. T. auch aufgrund von Vorurteilen und Ängsten, das empirisch erforscht wird.

Benchmarking | Damit beschreiben wir den Prozess des Vergleichs mit dem als bestem angenommenen Wert. Das bedeutet, für einen bestimmten Bereich, einen Prozess oder eine Firma werden vorbildliche Vergleichswerte (‚best practice‘) gesucht und dann wird analysiert, ob und wie diese erreicht werden können.

Bias | Verzerrung bzw. Vorurteil bei Wahrnehmungen und Entscheidungen. Solche Verzerrungen sind besonders in der Verhaltensökonomik wichtig. Sie zeigen, dass Menschen selten oder nie ‚objektiv‘ urteilen, sondern immer ganz individuelle Filter und Vorurteile haben. Bekannt ist beispielsweise der ‚Overconfidence Bias', also ein zu großes Selbstvertrauen, das uns in die Falle führt, weil wir uns nicht vorstellen können, geirrt zu haben.

BIP | Bruttoinlandsprodukt – also die Gesamtsumme aller Waren und Dienstleistungen, die in einem bestimmten Zeitraum (meist ein Jahr) in einer Volkswirtschaft erzeugt wurden.

Cost-Average-Effekt | Mit diesem Durchschnittskosteneffekt ist gemeint, dass sich bei regelmäßigen Käufen von Wertpapieren (z. B. durch einen Fondssparplan) in einer definierten festen Höhe ein Durchschnittswert bei den Bewertungen und dem Preis-Ergebnis-Verhältnis ergibt, der meist für die Käuferin oder den Käufer günstig ist. Das beruht darauf, dass bei hohen Preisen weniger Anteile gekauft und bei niedrigen Preisen mehr.

Discounted-Casflow-Methode (DCF) | Darunter wird ein Verfahren zur Unternehmensbewertung verstanden, das den aktuellen Wert eines Unternehmens auf Basis seiner zukünftigen Zahlungsströme (Cashflows) berechnet. Das ist gerade bei Vermögensentwicklungen zentral und die Beliebtheit bei Investoren, Analysten oder Wirtschaftsprüfern beruht darauf, dass reale Geldflüsse im Mittelpunkt stehen und ein zeitlicher Horizont aufgespannt wird.

Diversifikation | Die möglichst vielfältige Gestaltung der Geldanlage, mit unterschiedlichsten Assets, die jeweils ein anderes Risikoprofil haben. „Nicht alle Eier in einen Korb" – das ist die klassische Formulierung dazu, mit der gemeint ist, dass häufig eine Anlageform an Wert zunimmt, wenn die andere verliert. Oft wird zur Illustration des Verhältnisses von Aktien und Anleihen beschrieben: wenn in schlechten Wirtschaftslagen die Aktien fallen, dann gewinnen oft die Anleihen.

Effiziente-Märkte-Theorie | Dieses theoretische Modell, auch Effizienzmarkthypothese oder Markteffizienzhypothese genannt, ist eine Theorie der Finanzmärkte, die davon ausgeht, dass die Preisbildung an den Finanzmärkten alle wichtigen Faktoren berücksichtigt. Deshalb kann nach dieser Theorie der Markt nicht ‚geschlagen' werden, d. h. es sind normalerweise keine übergroßen Gewinne gegen den Trend des Marktes zu erwirtschaften.

ETF | Exchange-Traded Fund – ein Wertpapierfonds, bei dem die Gewichtung der enthaltenen Papiere (meist Aktien und Anleihen) von einem Marktindex (z. B. DAX, FTSE oder MSCI) abhängt. ETFs haben niedrige Verwaltungskosten und gelten daher gerade als für Kleinanleger geeignet. Sie werden an der Börse gehandelt und sind daher meist gut käuflich oder verkäuflich.

Financial Literacy | Die Fähigkeit, mit finanziellen Fragen kompetent umzugehen. Das umfasst nicht nur reines Faktenwissen, sondern auch eine besondere Haltung und den Willen, seine finanzielle Existenz selbst zu gestalten.

Frugalismus | Eine Bewegung, die das Leben von passivem Einkommen (aus Kapitalerträgen und möglichst ohne Erwerbstätigkeit) mit einem bewusst einfachen Lebensstil verbindet.

Herdenverhalten | Im Finanzbereich (aber nicht nur da) entstehen immer wieder Massenbewegungen, bei denen viele Menschen auf einen Wert setzen, eine Firma oder einen Börsentrend unterstützen und so für immer mehr Anziehungskraft sorgen. Besonders seit dem Auftauchen der Social Media-Kanäle und der sog. Meme Stocks hat sich das Herdenverhalten potenziert.

Honorarberatung | Im Finanzbereich gibt es verschiedene Entlohnungssysteme: manche Finanzberater erhalten Provisionen und haben daher ein Interesse daran, bestimmte Produkte zu verkaufen, andere arbeiten für Institutionen, deren Interessen sie vertreten. Die Honorarberatung soll das ausschalten, indem einfach die erbrachte Leistung mit einem zuvor vereinbarten Honorar vergütet wird.

Human Resource Management (HRM) | Personalmanagement in Unternehmen, bei dem die Menschen mit ihren Fähigkeiten und Eigenschaften als Ressource beschrieben und organisiert werden.

Korrelation | Im Finanzzusammenhang geht es bei der Korrelation meist um die Beziehung zwischen der Wertentwicklung von Asset-Klassen bzw. Finanzinstrumenten: eine positive Korrelation sagt aus, dass sich der Wert in die gleiche Richtung bewegt, eine negative, dass die Entwicklungen entgegengesetzt sind. Die Korrelation, die über den Korrelationskoeffizienten ausgedrückt wird, hat Bedeutung für die Risikoanalyse und ermöglicht die Diversifikation.

Leistungsbilanz | Eine wichtige Aufstellung im Zusammenhang mit der Leistungsfähigkeit einer Volkswirtschaft weil hier die Zu- und Abflüsse von Werten, die Einnahmen und Ausgaben, erfasst werden. Die Leistungsbilanz, die die Einfuhr und Ausfuhr von materiellen und immateriellen Werten erfasst, hat großen Einfluss auf das Gesamtvermögen eines Landes.

Liquidität | Damit werden die flüssigen, also zur Verfügung stehenden Mittel beschrieben. Nur wer liquide ist, kann Zahlungsmittel frei verwenden und Gelegenheiten wahrnehmen. Damit verbinden sich für das Thema Vermögen interessante Fragen, nämlich ab wann es sich lohnt, liquide Mittel zu investieren und welche Zinssätze für den Einsatz liquider Mittel lohnende sind.

Loss Aversion | Ein wichtiger Begriff für das Investmentverhalten, der Verlustängste thematisiert, die oft stärker sind als Gewinnerwartungen. So werden unsere Anlageentscheidungen häufig von Ängstlichkeit und Verlustaversion auch in Situationen geprägt, in denen wir mutig sein könnten.

Makroökonomie | Darstellung wirtschaftlicher Zusammenhänge als Gesamtübersicht der Austauschbeziehungen zwischen Märkten und Institutionen. Es geht um eine umfassende Beschreibung von Volkswirtschaften und deren wichtigen prägenden Faktoren in aggreggierter Form, also als Zusammenfassung von Sektoren.

Mikroökonomie | Darstellung wirtschaftlicher Zusammenhänge als Analyse des Verhaltens einzelner Akteure, vor allem Unternehmen und Individuen. Es geht um die detaillierte Beschreibung von Märkten als Ergebnis der Aktivitäten von Anbietern und Nachfragern.

Monte-Carlo-Simulation | Verfahren zur Prognose von Börsenentwicklungen, bei dem Strategien der Wahrscheinlichkeitsrechnung verwendet werden. Es geht um zahlreiche Zufallsergebnisse in vielen unterschiedlichen Szenarios. Wie in einem Spielcasino werden große Ergebnisreihen erzeugt und miteinander verglichen, um nach dem ‚Gesetz der großen Zahl' Muster zu erkennen und Wahrscheinlichkeiten zu beschreiben.

Neobroker | Eine neue Generation von Börsenhändlern und Finanzdienstleistern, die – meist über niederschwellige Smartphoneangebote – eine breite Kundenschaft, vor allem von jüngeren Menschen, anziehen. Neobroker tragen zur höheren Akzeptanz von Aktieninvestments bei, können die Demokratisierung der Investmentlandschaft vorantreiben, bergen aber auch die Gefahr, das sich Menschen überschätzen und ‚verzocken'.

Produktionsfaktoren | Güter und Voraussetzungen, die für die Herstellung von Produkten oder Dienstleistungen notwendig sind. Klassisch sind die drei Produktionsfaktoren Boden, Arbeit und Kapital.

Random-Walk-Theorie | Diese Theorie betont die Nichtvorhersehbarkeit von Kursentwicklungen. Sie sind wie ein ‚zufälliger Sparziergang', manchmal wird auch das Bild des Blindflugs oder der Irrfahrt verwendet. Es lassen sich rückwirkend zwar Faktoren feststellen, die den Kurs beeinflusst haben, aber eine Prognose ist schwierig bis unmöglich.

Rendite | Erträge aus Anlagen, z. B. in Aktien oder Anleihen. Errechnet wird die Rendite mit der einfachen Formel *(Ertrag – Kosten) geteilt durch eingesetztes Kapital x 100.* Wenn Sie bei einer Investition von 10.000 Euro 1.000 Euro eingenommen haben und 100 Euro Kosten anfallen, dann gilt: (1.000 – 100) geteilt durch 10.000 x 100, also 9 % Rendite.

Spekulation | Erzielung von Gewinnen durch die Nutzung von Preisunterschieden, kurz gesagt: jetzt billig einkaufen und später teuer verkaufen. Als ‚spekulativ' werden oft Geschäfte bezeichnet, bei denen es nur noch um finanziellen Gewinn geht und die ökonomischen Basiswerte keine Rolle spielen. Hier wird der ‚Spekulant' dann dem ‚Investor' gegenübergestellt.

Volatilität | Schwankung des Wertes, z. B. bei Aktien. Wenn die Schwankung stark ist, also große Unterschiede zwischen Höchst- und Niedrigstwerten bestehen, dann ist die Volatilität hoch.

Register

nuggets

Die Reihe nuggets behandelt anspruchsvolle Themen und Trends, die nicht nur Studierende beschäftigen. Expert:innen erklären und vertiefen kompakt und gleichzeitig tiefgehend Zusammenhänge und Wissenswertes zu brandneuen und speziellen Themen. Dabei spielt die richtige Balance zwischen gezielter Information und fundierter Analyse die wichtigste Rolle. Das Besondere an dieser Reihe ist, dass sie fachgebiets- und verlagsübergreifend konzipiert ist. Sowohl der Narr-Verlag als auch expert- und UVK-Autor:innen bereichern nuggets.

Bisher sind erschienen:

Ulrich Sailer
Digitalisierung im Controlling
2023, ISBN 978-3-381-10301-0

Michael von Hauff
Wald und Klima
2023, ISBN 978-3-381-10311-9

Ralf Hafner
Unternehmensbewertung
2024, ISBN 978-3-381-11351-4

Irene E. Rath / Wilhelm Schmeisser
Internationale Unternehmenstätigkeit
2024, ISBN 978-3-381-11231-9

Reinhard Hünerberg / Matthias Hartmann
Technologische Innovationen
2024, ISBN 978-3-381-11291-3

Ulrich Sailer
Klimaneutrale Unternehmen
2024, ISBN 978-3-381-11341-5

Oğuz Alakuş
Basiswissen Kryptowährungen
2024, ISBN 978-3-381-11381-1

Uta Kirschten
Personalmanagement:
Gezielte Maßnahmen zur langfristigen Personalbindung
2024, ISBN 978-3-381-12151-9

Kariem Soliman
Leitfaden Onlineumfragen
2024, ISBN 978-3-381-11961-5

Oğuz Alakuş
Das Prinzip von Kryptowährungen und Blockchain
2024, ISBN 978-3-381-12211-0

Eckart Koch
Interkulturelles Management
2024, ISBN 978-3-381-11801-4

Margareta Kulessa
Die Konzeption der Sozialen Marktwirtschaft
2024, ISBN 978-3-381-11411-5

Jörg Brüggenkamp / Peter Preuss / Tobias Renk
Schätzen in agilen Projekten
2024, ISBN 978-3-381-12511-1

Michael von Hauff
Nachhaltigkeit – Paradigma und Pflicht der Völkergemeinschaft
2024, ISBN 978-3-381-11281-4

Sven Seidenstricker / Jens Pöppelbuß / Thomas B. Berger / Heiko Fischer
Digitaler Vertrieb
2025, ISBN 978-3-381-11441-2

Thomas Zerres / Michael Zerres
Rechtliche Herausforderungen im Start-up-Marketing
2024, ISBN 978-3-381-12961-4

Barbara Weyerer
Die proaktive Führungskraft
2025, ISBN 978-3-381-12491-6

Andreas Otterbach / Corinna Wenig
Führend durch Wertschätzung
2025, ISBN 978-3-7398-3226-5

Michael Zerres / Thomas Zerres
Start-ups und EU-Recht
2025, ISBN 978-3-381-13571-4

Rolf J. Daxhammer / Máté Facsar / Zsolt Papp
Spekulationsblasen
2025, ISBN 978-3-381-14571-3

Alexander Brem
Frugale Innovationen
2025, ISBN 978-3-381-10611-0

Michael Hesseler
Herausforderungen für das Betriebliche Gesundheitsmanagement
2025, ISBN 978-3-381-12931-7

Bernd Villhauer
Was ist Vermögen?
2026, ISBN 978-3-381-13141-9

Dirk Linowski
Deutsch-chinesische Beziehungen
2025, ISBN 978-3-381-14551-5